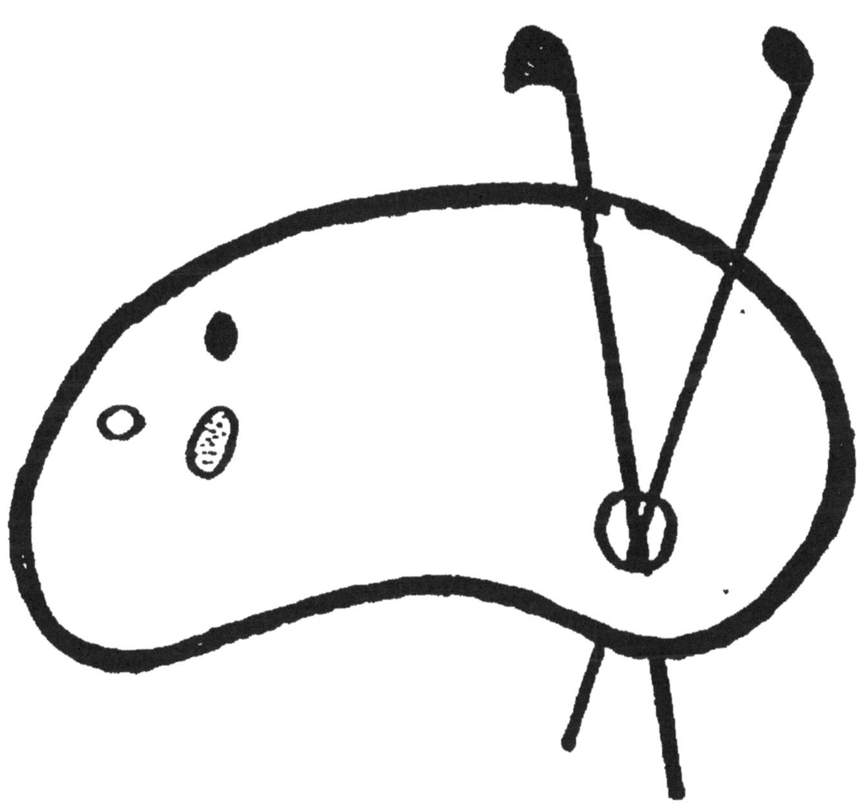

DEBUT D'UNE SERIE DE DOCUMENTS
EN COULEUR

LA

PROPRIÉTÉ PRIVÉE

ET LA

Guerre Continentale

PAR

CHARLES AUZILLION
AVOCAT
Docteur en droit

PARIS
IMPRIMERIE TROUBLÉ
7 BIS, BOULEVARD DE VAUGIRARD
1897

Paris. — Imprimerie Trouvé, 7 bis, boulevard de Vaugirard.

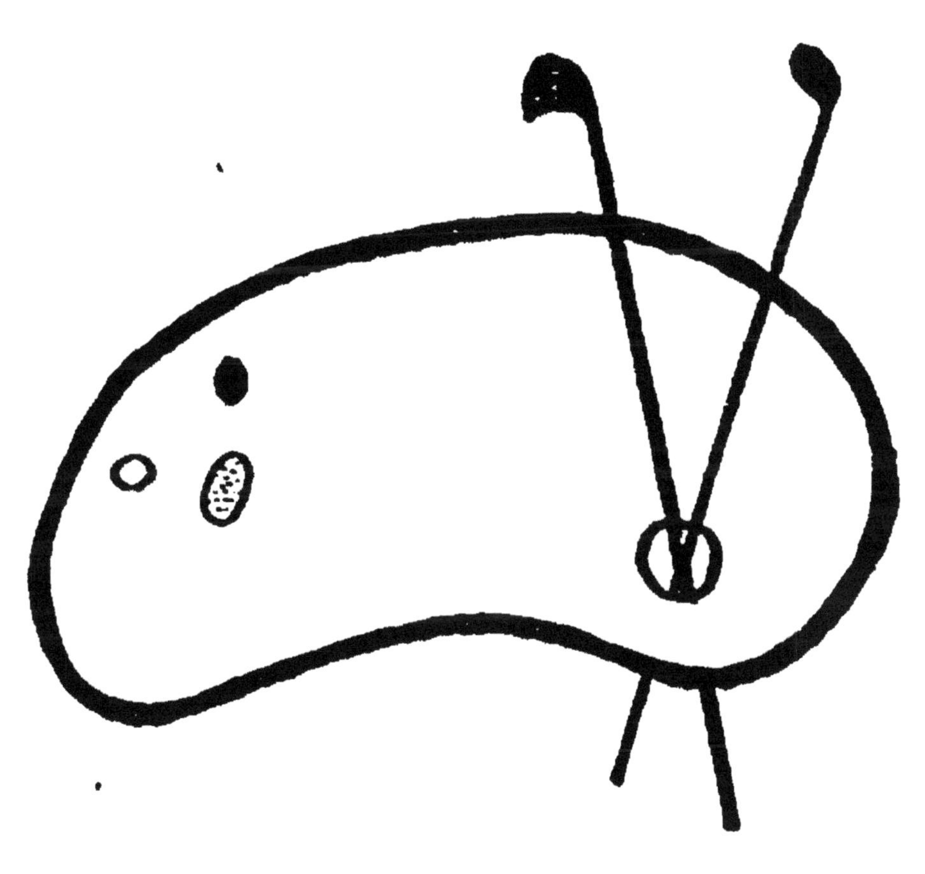

FIN D'UNE SERIE DE DOCUMENTS
EN COULEUR

LA PROPRIÉTÉ PRIVÉE

ET LA

GUERRE CONTINENTALE

A LA MÉMOIRE DE MON PÈRE

LA

PROPRIÉTÉ PRIVÉE

ET LA

Guerre Continentale

PAR

CHARLES AUZILLION

AVOCAT

Docteur en droit

Mars exlex !...

PARIS

IMPRIMERIE TROUBLÉ

7 BIS, BOULEVARD DE VAUGIRARD

1897

LA PROPRIÉTÉ PRIVÉE
ET LA
GUERRE CONTINENTALE

INTRODUCTION

Définir la propriété privée serait superflu, le sens de cette expression n'échappe à personne ; il n'en est pas ainsi du deuxième terme de la relation que nous nous sommes proposé d'étudier. Qu'est-ce que la guerre ? Cette question soulève des difficultés qui nous ont amené à consacrer à la solution de quelques problèmes intéressants un chapitre peut-être long, mais qui à nos yeux n'est point inutile, — parce qu'il est indispensable pensons-nous, de dégager avant toute discussion les principes certains qui doivent la guider. Aussi après avoir essayé de définir la guerre, avons nous recherché si elle est ou non légitime, si elle est nécessaire, si elle doit être réglementée.

On accepte généralement comme vrai ce principe proclamé par Rousseau : La guerre se fait d'État à État, et on en a déduit logiquement que les biens des particuliers devaient être respectés, que tout préjudice occasionné par la guerre devait être réparé. On avait en conséquence interdit le pillage, si longtemps en honneur ; on avait décidé que le bombardement avait pour but de pratiquer dans les remparts de la ville assiégée une brèche suffisante pour donner l'assaut ; on avait recommandé de ne pas pressurer les populations par des demandes d'argent.

Mais, certains se sont aperçus que ces restrictions du droit du plus fort, allaient à l'encontre du but poursuivi ; renonçant à tout préjugé et à tout sentimentalisme, ils ont décidé que la limite de leurs besoins était la limite de leurs droits ; ils ont restauré l'ancienne maxime : la guerre doit nourrir la guerre. Ils ont abusé des réquisitions en nature et en argent, au moyen desquelles un envahisseur oblige les sujets de son adversaire à apporter de leur plein gré, mais sous les menaces les plus sévères, les denrées ou les sommes d'argent que les soldats allaient enlever jadis de vive force dans les maisons. Au lieu de prendre les places fortes par un siège régulier, ils ont fait admettre qu'il est plus humain de semer la ruine, la terreur et la mort dans la population civile qui pensent-ils saura obliger la garnison à capituler. Si ces dommages sont le nécessaire résultat des opérations militaires, tout au moins puisque la propriété privée est inviolable, de justes réparations seront-elles accordées aux particuliers lésés ? Cela n'est pas nécessaire ; l'État ennemi ne se reconnait pas débiteur des personnes qu'il a dépouillées ; celles-ci ne peuvent pas davantage s'adresser au gouvernement national. Peut-être ce dernier donnera-t-il à titre gracieux un secours, mais il n'admet pas que les dégâts causés par la guerre créent un titre à une indemnité.

La propriété privée reste donc aujourd'hui comme naguère, soumise à toutes les exactions, exposée à tous les hasards de la lutte ; suivant l'âpreté de la guerre, l'humanité des chefs ennemis, elle connaîtra des conditions diverses. Mais, parce que nous aurons à constater bien souvent, combien est précaire l'autorité des principes que nous acceptons, il ne faut pas nous décourager « Il faut, tout en ne croyant plus aux rêves évanouis, rêves grands et salutaires continuer à vivre comme s'ils étaient des vérités » (1).

Nous nous sommes attachés à faire reposer principalement le droit de la guerre sur l'autorité de la discipline, sur les lois internes ; ils nous a paru que c'était le seul moyen pratique de donner une sanction aux règles de la morale internationale. Cette manière de voir, restreint, certainement le champ d'influence du droit des gens on pourrait dire que son existence même est niée; aussi pour prévoir une objection possible, je dirai avec d'Alembert : « On sera peut-être étonné du peu d'étendue que nous donnons en cet essai à la morale des nations ; mais malheureusement pour le genre humain, elle est plus courte encore dans la pratique (2).

Nous ne voudrions pas terminer cette courte introduction sans dire ici toute notre gratitude envers nos excellents maîtres de la Faculté de Droit et sans adresser en particulier à notre président de thèse, M. Chausse, tous nos remerciements, pour les utiles conseils qu'il a bien voulu nous prodiguer.

(1) Renan. Examen de conscience philos. Rev. d. 2. M. 1889, p. 793.
(2) Cité par J. Barni : Les idées mor. et polit. au 18e s. t. 2, p. 136.

CHAPITRE PREMIER

DE LA GUERRE

Définition. — La guerre est un ensemble d'actes de violence destinés à forcer l'adversaire à subir notre volonté.

Les publicistes du Droit International, donnent généralement d'autres définitions : certains ne voyant dans la guerre que la forme internationale du duel judiciaire, l'appellent « une contestation juridique au sujet du droit public » (Bluntschli); d'autres jugeant nécessaire de justifier la guerre la définissent « la force mise au service du droit. »

De telles affirmations proposées comme l'expression actuelle de la formule de la guerre ne seraient pas aisément produites sans soulever quelque incrédulité. Elles suffisent à montrer le vice inhérent à toute définition de laquelle on n'aura pas le soin d'écarter ce qui n'est qu'un désir énoncé ou le souhait d'un idéal à réaliser, Et si, de nos jours, quoiqu'on ait dit, le Droit International n'est pas beaucoup plus près d'être universellement accepté, que ne le sont les rêveries du bon abbé de Saint-Pierre ou de Kant, touchant la paix perpétuelle, la faute ne doit-elle pas remonter à ses publicistes ? Ne peut-on leur reprocher de n'avoir trop souvent fait autre chose que développer des conceptions parfois ingénieuses appuyées sur je ne sais quel droit de nature, et dont le moindre défaut était d'être purement subjectives et nullement en harmonie avec les traditions, les intérêts, les besoins et les instincts des nations ?

Aussi avons-nous été amené à ne considérer pour l'établissement de la formule de la Guerre que ses éléments essentiels, de façon à obtenir ce qu'Heffter appelle la « définition matérielle » de la Guerre. Or, quel est l'élément essentiel, unique de la Guerre, si ce n'est la violence réciproque ? Comme le fait ressortir le général de Hartmann dans sa judicieuse critique du Droit International codifié de Bluntschli, il ne faut pas dire que la guerre « apparait » sous la forme d'une lutte physique ou comme M. Funck-Brentano et Sorel que c'est « l'acte public par lequel on recourt à la lutte armée » la guerre est cette lutte physique, cette lutte armée mêmes, et rien que cela.

Chacun des adversaires s'efforce de détruire les moyens par lesquels l'autre soutient sa volonté. Au lieu de borner là son analyse, Pinheiro Ferreira observe que c'est seulement par son armée que l'Etat ennemi doit soutenir la lutte et il en déduit un peu hâtivement que la guerre sera dès lors l'art de paralyser les forces ennemies. Mais l'histoire moderne nous apprend que l'effort d'un belligérant ne doit pas se concentrer exclusivement sur la dispersion de l'armée ennemie, et que l'on doit atteindre toutes les ressources de l'Etat adversaire, attaquer suivant une phrase célèbre de M. de Moltke ses finances, ses chemins de fer et même son prestige.

Sans préciser les modalités de la destruction, on peut donc définir la guerre, l'ensemble des violences destinées à forcer l'adversaire à accepter notre volonté ou à subir nos prétentions. Cette définition a été donnée par le général de Clausewitz (1).

§ 1. La guerre est-elle légitime ? — On s'est de tout temps demandé si la guerre était légitime. Ce n'est pas parce que nous avons écarté de la définition donnée tout à l'heure toute considération étrangère à ce qui n'était pas le fait lui-même, qu'il faudrait nous croire désintéressés des problèmes préjudiciels. Mais si nous sommes appelés, dans ces considérations générales, à condamner le principe même de la guerre, cela ne nous empêchera pas lorsque nous étudierons les relations entre la conduite des hostilités et la propriété privée d'oublier nos préférences philosophiques pour ne nous souvenir que d'une chose : un fait déplorable si l'on veut, existe ; toute considération disparait devant sa nécessité.

Que des hommes civilisés, éclairés aient recours pour la revendication de leurs droits ou la réalisation de leurs désirs, à ce procédé brutal et incertain, il semble qu'il y ait là une aberration de l'intelligence aussi bien que du sens moral, car cela est à la fois injuste et sot. Et cependant d'une part beaucoup de bons esprits assignent à ce phénomène social objet d'obsécration pour les seules mères, une origine quasi-divine ; d'autre part à voir l'incontestable influence exercée sur les générations successives, quelque fut leur degré de culture intellectuelle, par le danger de combattre, à constater le sentiment d'orgueil commun à tous après la

(1) Cité par Heffter édit. Geffken p. 231.

victoire. on peut se demander si une nation déclarant la Guerre, n'obéit pas inconsciemment à un ordre ignoré de la Nature qui parait avoir à dessein pourvu d'attrait également irrésistibles l'instinct de reproduction et l'instinct de destruction.

Une foule d'écoles sont d'accord sur ce point ; la Guerre est légitime, elle est nécessaire et sans elle le monde ne saurait subsister. Des chrétiens, des positivistes, des malthusiens arrivent pour des motifs divers à cette même conclusion. Le spectacle de la nature vivante semble justifier cette opinion, partout règne une « rage prescrite » qui arme tous les êtres les uns contre les autres. « Cette loi s'arrêtera-t-elle à l'homme ? non sans doute ; il est chargé d'égorger l'homme. Mais comment pourra-t-il accomplir cette mission lui qui est un être moral et miséricordieux, lui qui est né pour aimer, lui qui pleure sur les autres comme sur lui-même, qui trouve du plaisir à pleurer, et qui finit par inventer des fictions pour se faire pleurer ! La terre crie et demande du sang.... l'homme saisi d'une fureur divine étrangère à la haine ou à la colère s'avance sur le champ-de-bataille sans même savoir ce qu'il veut ni même ce qu'il est... Ainsi s'accomplit la grande loi de la destruction violente des êtres vivants... La guerre est donc divine en elle-même puisque c'est une loi du monde (1) »

Elle durera autant que lui, jusqu'à la mort de la mort car le dernier ennemi qui sera détruit c'est la mort. » (2)

(1) J. de Maistre: Soirées de St Pétersbourg. Edition Rusand. Lyon 1822. p. 30 et s. p. 36.

(2) St Paul : I Epitre aux Corinthiens 15. 26.

Depuis longtemps déjà, Héraclite en avait fait aussi une loi du monde : « Tout se sépare et tout se réunit, disait-il, ce qui produit l'harmonie c'est l'opposition d'une chose avec elle-même. Tout en se divisant se rapproche, comme l'harmonie de l'archet avec la lyre. Il n'y a point d'harmonie sans l'opposition des forces et la guerre est la mère de toute chose. Homère a tort d'avoir souhaité la fin de toutes les querelles des dieux et des hommes ; car s'il en était ainsi, tout périrait : il n'y a point d'harmonie sans aigu et sans grave, et rien de vivant sans mâle, ni sans femelle, qui sont des contraires. Notre monde est donc fils de la guerre, et comme toutes les formes y sont tour à tour détruites, il ressemble au jeu d'un enfant sur le sable » (1).

Il serait intéressant de rapporter les jugements aussi nombreux que contradictoires qui ont été portés sur notre question, mais cela excéderait les limites de ce chapitre. D'une manière générale on peut dire que toute école philosophique qui, pensant que l'homme est une fin en soi, trouve en lui-même, l'origine et la justification de son droit, créé son droit et ne le subit point, niera la légitimité de la guerre. C'est ainsi que, pour Kant, les nations sont à l'état de nature comme les sauvages vivant sans loi ; cet état de nature est un état de guerre, bien que l'on ne se fasse pas toujours la guerre ; il est inique, alors même que l'un n'en profite pas pour commettre quelqu'injustice à l'égard de l'autre. « Les États doivent donc s'entendre pour l'abolir. C'est ainsi seulement que l'on peut réaliser l'idée d'un droit public des gens qui termine les différends des peuples, d'une

(1) Cité par Fouillée. Hist. de la Philos. p. 35 et 36.

manière juridique, et non d'une manière barbare, à la façon des sauvages, c'est-à-dire par la guerre » (1).

Marc-Aurèle avait dit avant lui : « L'araignée est fière de prendre une mouche, tel est fier de prendre un levraut, tel un sanglier, tel des Sarmates : au point de vue des principes, tous brigands » (2).

La doctrine de Hegel et à sa suite celle des écoles dialectique et historique, est tout opposée à celle de Kant. La voici en quelques mots : Ce philosophe conçoit le droit d'une façon objective, comme quelque chose de réel, de vivant, indépendant de toute volonté, soit individuelle, soit collective ; il le met en dehors et au-dessus des phénomènes dans l'action qui préside à leur développement, en dehors et au-dessus de l'homme dans la conscience nationale, telle que la tradition la réfléchit ; c'est une force latente qui se manifeste et se développe dans la puissance accumulée des générations (3). Or, les États, comme tels sont indépendants l'un de l'autre, aussi est-il besoin d'un troisième terme qui soit leur lien ; ce troisième terme est l'Esprit qui se réalise dans l'histoire du monde et comme juge absolu entre eux. La guerre est la forme par laquelle se manifestera cet esprit du monde ; par elle, il poursuivra la dissolution des peuples dont les institutions ne seraient pas fondées sur la raison. Il n'existe donc pas d'antinomie comme le croyait Kant, entre la guerre et le droit : « la guerre tranchera toute question et c'est légitime car le destin est une justice, le rationel est le réel, ce qui est, est la raison réalisée » (4).

(1) Kant. Doctrine du Droit. Trad. J. Barni, p. 293.
(2) Cité par Renan : Marc Aurèle.
(3) Rendant : Exposé de la querelle de la codification, p. 191.
(4) Cité par Armand Marrast : Philosophie du Droit.

L'évolution de l'idée du droit de la guerre, ne s'arrête pas ici : avec Ihering, la guerre va devenir essentielle au droit : « Le droit n'est pas une théorie, mais une force vive. La paix est le but qu'il poursuit, la lutte est le moyen de l'atteindre... l'essence du droit est l'action, la lutte ; — lutte des peuples, de l'État, des classes, des individus etc (1).

Le développement logique de ces idées, devait amener l'identification du fait et du droit : « Dans la nature, il n'y a pas de droits, il n'y a que des faits ; puis on légitime les faits acquis en droits », prétend M. Ambroise Danten, et plus loin, il avance avec plus d'énergie encore : « La force est le droit lui-même (2) ».

Ainsi pour certains philosopes, la guerre est nécessaire au droit, mais cette constatation n'a pour eux rien de pénible, car la guerre est à leur avis salutaire ; elle est « un levier de progrès et une puissance moralisatrice » la paix perpétuelle produirait « une stagnation morale pour les nations », non seulement elle rend les peuples plus forts, mais elle procure quelquefois la paix à des nations ingouvernables. Il ne faut pas oublier, ajoute Hegel avec une certaine fantaisie, qu'elle remet toujours la propriété en question, par là elle rappelle aux hommes que le changement est la loi de ce monde.

« Nous avons souvent été édifiés en entendant parler dans les chaires de la vanité, de l'instabilité, de l'insécurité des choses humaines ; mais après cette émotion nous reprenons la résolution de conserver ce qui nous appartient et si par malheur la réalité se présente sous

(1) Iehring. La lutte pour le droit, p. 1 et 2.
(2) A. Danten : De la nature des choses, p. 131, 173, 253.

les traits d'un hussard, sabre au clair, notre édification se change en malédictions contre le vainqueur (1) »

Le fougueux révolutionnaire P. J. Proudhon, va plus loin encore : on distingue en général les guerres justes des guerres injustes et ces dernières sont unanimement condamnées. Mais Proudhon avec une logique impitoyable ne veut pas de cette distinction. « La guerre, dit-il, par sa nature, par son idée, par ses motifs, par son but avoué, par la tendance éminemment juridique de ses formes n'est pas plus injuste d'un côté que de l'autre ; elle est, des deux parts et nécessairement juste, vertueuse, morale, sainte, ce qui fait d'elle un phénomène d'ordre divin, je dirai même miraculeux et l'élève à la hauteur d'une religion. »...... (2)
Ce qui donne à la guerre, ce caractère de grandeur sublime, c'est qu'elle est spéciale à l'humanité : « Les loups, les lions pas plus que les moutons ou les castors ne se font entre eux la guerre, il y a longtemps qu'on a fait de cette remarque une satire de notre espèce, comment ne voit-on pas au contraire que là est le signe de notre grandeur, que si par impossible la nature avait fait de l'homme un animal exclusivement industrieux et et sociable et point guerrier, il serait tombé dès le premier jour au niveau des bêtes dont l'association forme toute la destinée. » (p. 33 *loc cit.*)

La guerre n'est donc pas un mal nécessaire, elle est au contraire morale, civilisatrice bienfaisante ; elle procure « un réconfort intime » (Fischer), elle propage des idées généreuses, c'est un puissant

(1) Cité par G. Valbert. Revue des deux Mondes août 1877.
(2) La guerre et la paix T. I. 31

agent de civilisation (Dr Lieber) « c'est un élément de l'ordre divin établi par Dieu ; en proposer la suppression serait incohérent et subversif, sans elle le monde croupirait dans le matérialisme et l'immoralité. » Ne croirait-on pas reconnaître dans ces paroles du feld-Maréchal de Moltke, un écho de Joseph de Maistre : « Le sang est l'engrais de cette plante qu'on appelle le génie. »

Que nous voilà loin de ceux qui pensent que le droit est une prérogative de l'homme lui appartenant en propre ; que par cela seul qu'il existe, un homme a le droit de vivre, et que la guerre tendant à supprimer ce droit est inique et doit disparaître. Certes pour amener l'adoucissement ou la disparition de la guerre, une pareille théorie serait plus féconde, mais lesquels ont raison de ceux-ci ou de ceux-qui s'écrient avec je ne ne sais quel philosophe allemand cité par M. Fouillée : « Que m'importe le droit ? je n'en ai pas besoin ; ce que je peux acquérir par la force je le possède et j'en jouis; ce dont je ne puis m'emparer j'y renonce et je ne vais pas en manière de consolation me pavaner avec mon prétendu droit, avec mon droit imprescriptible ! (1) ».

Ces théories ont plus qu'une portée purement doctrinale; pour donner une idée de leur force disons que leur existence et leur propagation ont empêché la conférence de Bruxelles de répondre à la question étudiée dans ce chapitre.

Il semblait logique qu'une conférence réunie pour codifier les lois de la Guerre formulât son opinion sur sa légitimité, cependant elle négligea de s'en occuper.

(1) Fouillée, *l'idée moderne du droit*

L'Institut de droit international, se demanda après la séparation de la conférence, s'il ne serait pas utile d'inscrire des principes généraux en tête du projet qu'il se proposait de soumettre à un prochain congrès. Deux membres seulement de l'Institut répondirent affirmativement; d'autres hésitèrent, ils auraient accepté une rédaction prudente, mais ils se décidèrent pour la négative dès qu'ils eurent connaissance du projet de M. Charles Lucas qui débutait ainsi : « La guerre est un mal... »

La majorité adopta les idées autrefois exprimées par Heffter qui avait déclaré dans sa lettre du 3 mars 1875, ne donner son adhésion à l'opinion rédigée par Mancini. Sur la Constitution d'un Sénat de publicistes chargés de rédiger un projet de codification des lois de la guerre « que sous réserve que tout débat sur la condamnation absolue de la guerre serait écarté. » La conférence de Bruxelles en refusant de proclamer des principes généraux dont la discussion eut établi l'autorité, a enlevé à son œuvre beaucoup de sa portée.

Pour nous, nous considérons, avec Kant, la guerre comme un état injuste, inique, en dehors du droit ; la guerre n'est qu'un fait et nous ne l'avons considérée que comme un fait dans la définition que nous avons acceptée ; mais il faut ajouter pour compléter notre pensée que c'est un fait anti-juridique. Tous les efforts des gens de bien doivent s'unir pour obtenir sa disparition qui seule peut permettre l'établissement d'un véritable Droit International.

§ 2 La guerre disparaitra-t-elle? — Suivant Hegel et aussi Victor Cousin, tout ce qui arrive est juste, par cela seul que c'est arrivé, « la raison du plus fort est positivement la meilleure » et « les protestations de la conscience sont de simples phénomènes subjectifs, partant négligeables (1) » malgré cette appréciation qui se réfute elle-même nous croyons devoir dire que le droit n'est pas le fait, « que c'est l'idée en avant sur le fait et lui montrant la direction qu'il doit suivre » (2), et que l'on peut à juste titre, soutenir que le droit est une conception logique et non pas une conception pure de la force. Si nous pensons avec Iehring que le but du droit est la paix ce n'est pas comme le prétend ce jurisconsulte parce que le moyen du droit pour assurer la paix est la force, mais au contraire parce que l'existence du droit marque la fin du combat.

Nous sommes donc fondé à soutenir que la guerre peut disparaître parce qu'elle n'est pas nécessaire.

Et quels sont donc les arguments fournis par les apologistes de la guerre? — Ils sont de trois sortes : théologiques, métaphysiques, historiques.

Il est inutile de réfuter les arguments mystiques de Joseph de Maistre, qui voit dans la guerre un châtiment imposé par la divinité aux nations coupables : ces opinions ne sont même plus comprises par les générations imbues de l'esprit scientifique.

Il n'y a pas lieu de s'arrêter davantage à la théorie de Proudhon qui fait de la guerre une simple épreuve juridique une sorte « d'ordalie en grand » qui indiquera le droit du plus fort.

L'argument historique est de beaucoup le plus sérieux.

(1) Proudhon : loc. cit. p. 123.130.
(2) Beudant : Exposé de la querelle de la codification.

A tous les stades de la civilisation la guerre a existé dit-on, comme le montre l'étude de l'histoire. Mais répond le Dr Létourneau « le cannibalisme a été comme la guerre une pratique universelle souvent sanctifiée par les religions et dans toutes les races humaines il a été en usage pendant un laps de temps qui sûrement dépasse en durée notre courte période historique. Souvent même cette pratique a été la cause de la guerre ; pourtant les nations civilisées ont fini par l'avoir en horreur. Autant en peut-on dire de l'esclavage cause et résultat de guerre pendant des milliers d'années et que pourtant les peuples ont fini par abolir quand leur sens moral a été suffisamment élargi et épuré. On est donc mal fondé à tenir la guerre comme une fonction indispensable aux sociétés humaines par cela seul qu'elle existe depuis les âges primitifs (1). »

Ce n'est donc pas une chimère que de demander la disparition de la guerre; de tout temps beaucoup de penseurs ont été sollicités par cette idée généreuse. Il suffira de rappeler le « grand dessein de Henri IV. » « Le nouveau Cynée » d'Emeric de la Croix, ou « discours d'Etat représentant les occasions et moyens d'établir une paix générale et la liberté de commerce pour tont le monde » (1623) (2) le projet de l'abbé de Saint-Pierre, repris par Rousseau ; ceux de Bentham, de Kant, de Schelling.

Le philosophe de Kœnigsberg est le premier qui ait formulé en termes précis la nécessité d'une association volontaire des Etats, d'un *fœdus amphyctionum*, pour que

(1) Dr Létourneau : La guerre dans les div. races humaines p. 544 Paris.

(2) Cité par Patrice Larroque : De la guerre et des armées permanentes Paris, 1856.

le droit des gens puisse naître. Le court chapitre consacré au droit des gens dans sa *Doctrine du Droit* contient le germe de toutes les règles qui seront adoptées plus tard et il a le mérite de poser nettement la question que Grotius n'avait peut-être pas entrevue. D'ailleurs nous considérons comme nulle l'autorité doctrinale du « fondateur » du droit des gens, on peut se demander si cet auteur voit quelque chose au delà et au-dessus de la puissance du fait, son œuvre évidemment conçue dans un but louable, respire l'idée du droit, mais il parait difficile d'admettre qu'elle l'ait jamais exprimée scientifiquement.

A côté de ces philosophes je suis heureux de pouvoir citer le nom d'un homme d'une incontestable autorité ; je veux en appeler au témoignage du maréchal de Moltke, — qui depuis il est vrai changea si complètement d'opinion.—Il écrivait en 1841 : « J'avoue franchement que j'adhère à l'idée si ridiculisée d'une paix européenne générale... La suite de l'histoire n'est-elle pas un progrès vers la paix?... Les guerres deviendront toujours plus rares parce qu'elles deviendront terriblement coûteuses soit en raison de l'argent qu'elles font dépenser, soit en raison des intérêts qu'elles obligent à négliger. L'Europe ne verra-t-elle jamais un désarmement général? On a dit que sans la guerre l'homme perdrait son énergie morale et désapprendrait à sacrifier sa vie pour l'honneur, la foi, la patrie, la religion, la gloire. Il y a peut-être quelque chose de vrai dans cette assertion. En outre plus les guerres se feront rares. plus il sera nécessaire de trouver un champ d'activité pour la force exubérante des jeunes générations. » (1)

(1) Mémoires, I. II.

Les dépenses énormes exigées par la conduite d'une guerre contribuent certainement pour beaucoup au maintien de la paix européenne. Un ancien ministre d'Etat allemand, M. Schœffle a dressé il y a quelques années le bilan de la guerre future. (1) Il évalue à 30 milliards les frais nécessaires, alors que les pertes de la France, en 1870, ont été estimées à 20 milliards. Le trésor de guerre que la Prusse tient en réserve dans la tour de Spandau, les réserves des banques, l'emprunt ne sauraient suffire à l'entretien des combattants, si l'on ne laissait la guerre se nourrir elle-même. Mais M. Schœffle estime que toutes ces ressources seraient insuffisantes et qu'il faudrait en venir au cours forcé et s'exposer au danger d'une banqueroute d'assignats. De là une diminution de la valeur de l'argent, une perte pour tous ceux qui ont des revenus assurés et pour l'Etat. Après la guerre il faudra recourir à des impôts écrasants, réduire les dépenses utiles de l'Etat et des communes, vendre les biens de l'Etat ou faire banqueroute. Un mouvement socialiste se produira et la gestion populaire causera à la fortune privée et publique des pertes incalculables, si elle ne rend pas impossible le relèvement de la nation. En résumé d'après M. Schœffle, la liquidation sera effrayante et les souffrances économiques amèneront un ralentissement, un arrêt dans la civilisation. Aussi les gouvernements qui ont la conscience de leur terrible responsabilité évitent avec soin toutes les occasions de conflits et les guerres se font de plus en plus rares. Cependant, nous voyons chaque année les puissances européennes augmenter leurs effec-

(1) Deutsche Revue, 1893.

tifs. En 1870 l'Europe pouvait mettre sur le pied de guerre 7 millions d'hommes. En 1892, ce chiffre était porté à 12 millions; bientôt il atteindra 20 millions. Sans doute il est permis de penser que l'abus se refrène par son excès même, mais ce remède n'en est pas un. Pour savoir si la guerre est appelée à disparaître, analysons les causes de la guerre et nous verrons s'il est possible de s'attaquer directement à ces causes, et par suite de trouver l'antidote qui empêchera le retour des accidents qu'elles occasionnent.

Les causes de la guerre sont de nature bien diverses, il en est de psychiques, de politiques, d'économiques, de sociales.

La cause psychique de la guerre est l'amour de la gloire militaire, l'irrésistible attrait du danger. Proudhon l'expose d'une façon piquante : « La femme peut aimer l'homme de travail et d'industrie comme un serviteur, le poète et l'artiste comme un bijou ; le savant comme une rareté, le juste elle le respecte ; le riche obtiendra ses préférences ; son cœur est au militaire. » (*Loc cit.*, p. 69).

Bien que le Dr Létourneau estime que Proudhon ne traduit que le sentiment des bonnes d'enfants (*loc. cit.*, p. 553), il reconnaît lui-même que ces affirmations renferment malheureusement quelque fonds de vérité. Notre admiration pour la guerre résulte de notre évolution historique, de la longue éducation subie par le genre humain. « De toutes ces influences nocives dont l'action s'est prolongée pendant des milliers d'années est résultée une empreinte mentale, un penchant acquis, mais devenu héréditaire, qui pousse la plupart des hommes à admirer les beaux carnages, à vénérer les conquérants. Cet instinct a été en outre soigneusement fortifié par l'éducation qui dans les pays civilisés s'attache encore à entretenir l'admiration pour la guerre et surtout à en masquer l'horreur pour n'en faire ressortir que le côté brillant. » (1)

Et d'autres causes seront aussi tenaces. On peut dire avec Kant : tant que la conscience humaine autorisera les gouvernements à payer des hommes pour qu'ils tuent ou se fassent tuer, c'est-à-dire à les traiter comme de purs engins, ce qui ne s'accorde guère avec le droit de l'humanité résidant en chaque personne » (*Paix perpétuelle*, p. 291), des guerres auront lieu. L'histoire a conservé le souvenir d'une réponse qui n'a rien perdu de son à-propos, faite par un prince bulgare à un empereur grec qui lui proposait de vider un différend par les armes, en combat singulier, sans verser le sang de leurs sujets : « Un forgeron qui a des tenailles, dit le prince, ne retire pas avec ses mains le fer chaud du brasier. » (*Ibid.*).

D'ailleurs l'histoire a-t-elle été autre chose jusqu'ici que le récit des inimitiés des souverains, des querelles dynastiques qui ont entretenu les haines des peuples? la tradition commande des guerres pour résoudre des conflits séculaires. En outre les populations ont aujourd'hui conscience de leurs droits, elles ne supportent plus que l'on dispose d'elles contre leur gré et si elles sont violemment annexées, la conquête dépose en leur cœur un levain de haine et de vengeance que se lèguent les générations. Sans parler de l'exemple douloureux que la France peut citer on peut rappeler qu'au début de la guerre de 1870, le roi de Prusse avait déclaré faire

(1) Létourneau, passim.—Cfr. Larroque, loc. cit, p. 298.

la guerre à l'Empereur et non au peuple français. Aussi quand M. Thiers, après Sedan, demanda à M. Ranke, à qui il voulait encore faire la guerre : « à Louis XIV », répondit le ministre prussien, en bon disciple de Hegel, Sincère et précieuse manifestation de cet « esprit des peuples » qui se réalise dans la tradition historique presque toujours pour le plus grand dommage du droit, ce « martyr de l'histoire. »

Mais aujourd'hui les intérêts dynastiques paraissent devoir exercer une moindre influence sur les destinées des peuples. « La guerre se fait de toutes parts; elle ne doit plus éclater, s'arrêter, se poursuivre au gré des seuls évènements ou des passions. Elle se fera par raison. Elle se fera pour diminuer un concurrent, pour avoir des ports. Ce sera une opération de haute industrie, avec son organisation financière, son capital, son amortissement, ses assurances — car les indemnités et les milliards conquis iront sur le sol du pays vainqueur se répandre, et payer de nouveaux canaux, de nouveaux tunnels, de nouvelles universités — de quoi se refaire et recommencer en beaucoup plus grand (1) ».

Le développement de la grande industrie qui devait, à en croire certains publicistes pacifier le monde, a en réalité pour effet de faire naître de nouveaux motifs de guerre. La concurrence économique a créé le besoin de produire à bon marché et la nécessité de vendre beaucoup pour produire à bénéfice; il en est résulté la nécessité de chercher de nouveaux marchés, et on a essayé de s'assurer les débouchés indispensables par la con-

(1) Paul Valéry. La conquête allemande : The new Rewiew. Janvier 1897.

quête de peuplades mal armées, peu civilisées. A l'heure actuelle, les nations européennes se retrouvent face à face, également hostiles en Asie, en Afrique. L'Allemagne, dont l'expansion commerciale et maritime est si rapide, est à la veille, peut-être, d'une guerre longue et terrible avec l'Angleterre dont elle menace partout les positions.

La surproduction industrielle, la nécessité de faire face à la concurrence ont encore amené l'abaissement des salaires, le prolétariat qui tous les jours, prend conscience de ses droits, devient partout redoutable et la guerre apparaîtra peut-être aux classes dirigeantes comme le seul dérivatif possible.

Ces causes sont-elles près de disparaître? Non, — partout le gouvernement et la grande industrie sont dans les mêmes mains et les destinées du pays leur paraîtront solidaires de leurs propres destinées. Il est impossible de prévoir par quelle évolution du droit la guerre sera amenée à disparaître. Beaucoup de penseurs ont dit là-dessus des choses éloquentes et généreuses. M. Novicow (1), notamment, entrevoit le moment où les nationalités seront amenées à conclure un vaste ensemble d'arrangements qui formeront le Code du droit public international. Mais si vraisemblable que paraisse sa conclusion, on ne saurait s'associer à une conception qui est du domaine de la pure spéculation.

Kant et Leibnitz racontent avoir lu sur l'enseigne d'une auberge de Hollande, où était représenté un cimetière, cette inscription satirique : « A la paix perpétuelle! » et cela s'applique bien, dit Kant, « aux hommes

(1) Novicow. La lutte entre les sociétés humaines (Paris 1893).

en général ou particulièrement aux souverains toujours insatiables de guerre, ou bien seulement aux philosophes qui se livrent à ce doux rêve » (*loc. cit.*, p. 289).

L'humanité ne connaîtra-t-elle donc jamais d'autre paix que la paix du cimetière ? -- Au moment de donner une conclusion on hésite.

Le droit international possède une insuffisante autorité; dépourvu de toute sanction, il serait à plus juste titre appelé morale internationale et naîtra seulement le jour où les Etats auront renoncé à invoquer la raison du plus fort. Pourrait-on dès aujourd'hui attribuer à ce droit une sanction, instituer un tribunal arbitral, par exemple? Mais il ne suffit pas de décréter une institution pour l'investir d'une autorité incontestable; dans l'état présent de nos mœurs un tribunal arbitral ne saurait assurer l'exécution de ses arrêts, ce que Bluntschli appelle « la conscience internationale des peuples civilisés » ne se dégage pas suffisamment du chaos des intérêts et des passions, la moralité internationale est embryonnaire. Le droit est le produit interne et réglé de l'histoire (Jehring), les institutions ne sont pas créées par l'intuition d'un ou plusieurs individus, elles se déduisent; elles sont le résultat des tendances particulières à chaque peuple, à chaque organisation sociale; elles sont le fruit de cette tradition historique qui nous révèle la loi de la vie des peuples.

Il ne suffit donc pas de décider la création de ces tribunaux d'arbitrage, il faut les rendre nécessaires, il faut dégager l'idée de la conscience internationale. Il faut montrer que la guerre n'est pas nécessaire, qu'un moment viendra où elle doit disparaître. Certes, elle a été le premier état naturel de l'homme à l'origine des sociétés : — guerre contre les animaux, contre ses semblables par faim, haine, vengeance, guerres résultant surtout des migrations, guerres de conquêtes, triomphe du droit du plus fort. — Mais il est permis de pressentir le temps où au lieu d'être l'état naturel, elle deviendra l'état anormal de la société : c'est le moment où après avoir favorisé la civilisation, elle finira par l'entraver.

La paix avec tous les développements qu'elle comporte par le travail d'une industrie réglementée nous apparaît comme la fin dernière des sociétés civilisées. Mais bien que nous soyons plus qu'à moitié du chemin, nous nous trouvons encore loin du terme désirable et longtemps les peuples donneront à dévorer au monstre le meilleur de leurs richesses, de leur force et de leur sang. (Ste Beuve, le général Jomini).

La paix perpétuelle, dit Kant, (1) est indéfiniment approximable. Pourquoi faire intervenir cette idée de limite féconde dans une autre science ? — Nous ne nous occupons pas ici de mathématiques et l'on finit toujours par atteindre ce dont on ne cesse d'approcher.

Certes, tout cela n'a que la valeur d'un désir personnel et ce n'est autre chose qu'un acte de foi en l'avenir évidemment dépourvu de toute portée. Mais pourquoi établir d'autres affirmations plus précises que demain démentira, comment ne pas être arrêté au moment de conclure par le souvenir de cette sévère et railleuse observation de Hegel : « Malgré tout cela des guerres ont lieu et tout ce vain bavardage se tait devant les sérieuses leçons de l'histoire. » (2)

(1) Non M. de Parieu comme le croit M. Pradier-Fodéré Traité de D. I. pub. T. 6. p. 59.
(2) Revue des deux mondes, août 1877. G. Valbert.

§ 3. Réglementation de la guerre. — La guerre est à notre avis un mal, elle ne se justifie que par l'impossibilité de l'abolir, il semble donc qu'aucune réglementation de cet état anormal ne saurait exister. Si l'expression droit de la guerre n'a aucun sens, peut-on dire plus raisonnablement droit dans la guerre, comme le demande M. Pradier-Fodéré ? — Non : « Le droit dans la guerre, dit Kant, est celui qui présente le plus de difficultés même lorsqu'on ne veut que s'en faire une idée et concevoir sans tomber en contradiction avec soi-même, une loi dans cet état en dehors des lois. »

Cependant de nos jours, de nombreuses codifications du droit de la guerre ont été proposées. Ceux qui étaient opposés à tout projet de cette nature prétendaient que le problème posé était insoluble, que les faits de guerre pouvaient être le résultat de nécessités affligeantes mais entièrement étrangères au droit. (1) Certains apologistes de la guerre comme certains de ses antagonistes étaient d'accord pour soustraire aux définitions précises du droit, des choses dont la nécessité est la seule raison d'être. Les uns craignaient de paraître sanctionner la guerre en lui assignant des limites, les autres ne voulaient pas admettre qu'il existât d'autres règles que l'intérêt du succès des opérations militaires :

Il n'existe qu'une coutume de guerre et c'est l'affaire des militaires, dit le colonel Von Rustow, (2) Le droit n'a rien de commun avec la guerre, l'usage seul et le but à atteindre doivent être pris en considération. Il n'y

(1) Kant Doctrine du Droit Trad. Barni p. 222
(2) Polit, et cout. de la guerre. Cité par Pradier Fodéré, loc cit p. 510 note

à que les intérêts qui déterminent et décident, il n'y a pas de droit. Si les Etats ne torturent plus les prisonniers, si l'esclavage est supprimé, les droits individuels respectés, c'est qu'il n'y a pas d'intérêt contraire. Si l'on réprouve le pillage, c'est-à-dire la spoliation violente et plus ou moins bien organisée des lieux habités, c'est parce qu'une troupe à laquelle le pillage a été quelquefois permis perdra bientôt la discipline militaire, et parce que les soldats gaspillent dans le jeu et dans la débauche les biens ainsi pris. C'est aussi parce que préoccupés de jouir du fruit de leurs rapines, les soldats ne se soucient plus de porter leur peau au marché. Le droit d'une nation en guerre est illimité comme celui d'un particulier dans l'état de nature. Tout moyen si violent qu'il soit est donc permis au belligérant. »

« Je crois, écrivait M. de Moltke le 11 décembre 1880, que le progrès des mœurs est seul en état de mener au but, lequel ne saurait-être atteint au moyen d'un droit de la guerre codifié. Toute loi suppose une autorité pour en surveiller et en diriger l'exécution, et c'est ce point qui fait défaut quant à l'observation des lois internationales. Quels Etats prendront jamais les armes, parce que les lois de la guerre ont été violées ? »

Cette objection est sérieuse ; d'ailleurs d'une façon générale tous les militaires refusent de se placer sous l'autorité du droit des gens, dans lequel ils ne veulent voir comme Lasson(1) qu'une « convention qu'on observe par routine, aussi longtemps qu'on le juge avantageux. »

Sur quelle base dès lors appuyer ce droit de la guerre ?

(1) Cité par Heffter p. 6, note 3.

— Lorimer (2) pense que, quoiqu'anormal et anti-juridique, par cela seul qu'il est un fait — *ex facto jus oritur* — le fait de la guerre entraine des rapports juridiques, soit entre les belligérants, soit entre l'un d'eux et d'autres États. Il existe donc un droit de la guerre, droit exceptionnel qui est au droit de la paix ce que la pathologie est à la physiologie. Mais, comme le fait est anormal, le but du droit doit être de le réduire à son minimum. Ce minimum est seul juridique, il n'est juridique qu'autant qu'il est inévitable. A l'inverse de ce qui se présente pour les rapports normaux, la réalisation des rapports anormaux n'est que transitoire; ces derniers ne sont pas justes absolument; ils n'ont point de raison d'être permanente. Leur nécessité est conditionnelle et transitoire; c'est conditionnellement et transitoirement qu'elle prend la place du droit.

Dire que la nécessité prend conditionnellement et transitoirement la place du droit, n'est-ce pas nier le caractère juridique du prétendu droit de la guerre?

Un seul publiciste a essayé de déterminer la base juridique de sa doctrine. Bluntschli, après avoir démontré que la guerre est un pur fait, demande dans l'intérêt de l'humanité « de considérer surtout dans la guerre son côté de sanction du droit, de restreindre au nom de ce droit l'emploi de la violence, et de fixer autant que possible les lois de la guerre », et ainsi il appuie sa théorie sur un postulat qu'il reconnait lui-même faux.

Il est difficile avec un point de départ aussi incertain d'arriver à un résultat convenable. Aussi l'œuvre des diverses conférences réunies pour codifier les lois de la

(2) Lorimer, Rev. dr. I. T. II, p. 4 et 5.

guerre a-t-elle été vivement critiquée. Il était d'ailleurs facile de prévoir que cette œuvre devait demeurer stérile. Comme on l'a souvent répété, on avait réuni ensemble des gens qui ne parlaient pas le même langage et on leur avait demandé de s'entendre. Il y avait là des philanthropes et des militaires. Quand l'un invoquait l'intérêt supérieur de la civilisation et de l'humanité, l'autre répondait au nom de la nécessité de mener à bien les opérations militaires. Ils ajoutaient avec quelqu'apparence de raison que pour atténuer les rigueurs de la guerrre, il fallait en abréger la durée et que les guerres ne pouvaient être courtes qu'à la condition d'être terribles.

Dans cette incertitude que faire? — La meilleure solution eut été, sans doute, celle préconisée par le délégué de la Belgique qui estimait que c'était assez de tolérer les pratiques de la guerre, sans leur faire l'honneur de les convertir en règles et de les inscrire dans un Code.

La Conférence de Bruxelles, après celle de Saint-Pétersbourg, estima qu'elle devait rédiger un projet de codification.

Que pouvait être ce projet? Il devait évidemment ne pas contrarier les habitudes militaires sous peine de voir ses régles violées à chaque instant par ceux-là mêmes qui étaient chargés de les appliquer. Il devait se borner à constater les usages existants et être rédigé d'une façon assez souple pour permettre les modifications apportées à ces usages par les perfectionnements de l'art militaire, car dès qu'il y a contradiction entre l'usage et une pratique nouvelle avantageuse, le droit cède le pas à la pratique et toute innovation utile est promptement légitimée.

Rien ne le prouve mieux que l'introduction des torpilles dans le droit des gens. La guerre de 1870 révéla combien ces engins étaient efficaces pour la défense des ports. La guerre de 1877 fournit de nouveaux exemples de leur utilité. On se demande si leur emploi était licite et on trouva dans Heffter ce qui suit : (§ 124). « Les lois de l'humanité proscrivent l'usage des moyens de destruction qui d'un seul coup et par une voie mécanique, abattent des masses entières de troupes, qui en réduisant l'homme au rôle d'un être inerte augmentent inutilement l'effusion du sang. Citons l'emploi de boulets ramés dans une bataille sur terre, de boulets rouges ou de couronnes foudroyantes dans une bataille navale, projectiles qui souvent suffisent pour anéantir d'un seul coup des navires entiers avec leurs équipages. » Ce dernier trait ne s'applique-t-il pas exactement aux torpilles?

Certains auteurs se réclamant de l'usage autorisé qui consiste à miner les abords d'une forteresse pour défendre l'accès aux troupes ennemies, établirent par distinction, qu'il était permis de placer des torpilles à l'entrée des ports et des fleuves, mais interdit de les lancer en pleine mer. Aujourd'hui la plupart des Etats sont approvisionnés de ces précieux engins de destruction, et pas un jurisconsulte ne songe à en proscrire l'emploi parce qu'une telle prohibition resterait lettre-morte.

Malgré sa rédaction prudente la déclaration de Bruxelles fut vivement critiquée. On lui reprocha surtout d'avoir consacré la guerre de conquête. M. Pradier-Fodéré (loc. cit., p. 421, 522), estime que cette codification est « particulièrement utile et désirable pour les Etats qui semblent destinés en temps de guerre à se borner à la défense de leur territoire, car c'est dans les rapports que créé l'occupation entre les troupes ou les fonctionnaires de l'occupant et la population du territoire occupé qu'il faut surtout craindre le vague et l'arbitraire. » C'est cependant sur ce point que la Déclaration de Bruxelles souleva les plus vives protestations.

Le baron Jomini avait remarqué que la guerre était autrefois une sorte de drame où la force et le courage personnel jouaient un grand rôle. Aujourd'hui, ajoutait-il, l'individualité a été remplacée par une machine formidable que le génie et la science mettent en mouvement. Il fallait donc régler, si l'on peut ainsi parler, les « inspirations du patriotisme, » autrement en opposant les entraînements déréglés à des armées puissamment organisées on risquerait de compromettre la défense nationale et de la rendre plus funeste au pays lui-même qu'à l'envahisseur. Il en concluait que la guerre courte étant la guerre idéale, il fallait après une défaite décisive renoncer à l'emploi des moyens de prolonger la résistance.

Les petits Etats trouvant exagérée la marque d'intérêt qui leur était donnée, protestèrent; l'Angleterre également. Lord Derby, dans une dépêche du 20 janvier 1875, déclara « repousser tout arrangement qui aurait pour objet de faciliter les guerres d'agression et de paralyser la résistance patriotique d'un peuple envahi. » Cette répugnance des Etats secondaire, à voir codifier les droits et les devoirs de l'envahisseur s'explique aisément. On craint toujours que le vainqueur ne néglige ses devoirs et n'abuse de ses droits, et comme on n'a contre lui aucun recours, on subit ses exigences qu'il colore du nom d'exercice de ses droits. Il est vrai que M. Pradier-Fodéré exprime sa confiance dans la « conscience publique qui ne cesse jamais d'être la régulatrice des droits et des devoirs des belligérants, » mais les événements contemporains justifient assez peu cette confiance ; et d'ailleurs si l'on doit se référer en dernière analyse à ce souverain juge, à quoi bon avoir énoncé des règ'es que l'envahisseur pourra violer aussi souvent que la nécessité l'exigera.

Car voilà le point faible de tous les projets de codification : pour ne pas être absolument négligés par les militaires, leurs rédacteurs ont essayé de les subordonner aux exigences de la pratique. Les articles des règlements seront donc rédigés dans la forme conditionnelle, toutes les phrases se terminant par la même restriction : sauf les nécessités de la guerre. On consultera utilement à ce sujet un piquant compte-rendu d'une séance de l'Institut de Droit International (Manuel, 1878) dans laquelle on décida de retrancher de tous les articles l'expression : « sauf les nécessités de la guerre » en stipulant bien que ce membre de phrase serait une fois pour toutes sous-entendu. Cette suppression était indispensable aux yeux des membres de l'Institut pour ne pas enlever aux règles posées leur force impérative !

C'est ce qui permet aux Allemands de distinguer deux façons de faire la guerre. On a l'habitude en Allemagne, mais en Allemagne seulement, dit M. Pillet dans ses Conférences à la garnison de Grenoble, de distinguer deux façons de faire la guerre : la manière ordinaire : Kriegsmanier, et la façon extraordinaire : Kriegsraison (Kluber, § 243 ; Heffter, § 119). La façon ordinaire consiste dans la conduite humaine et loyale de la guerre. La façon extraordinaire est absolument sans restrictions, c'est la liberté complète accordée aux belligérants d'employer tous les moyens de nuire à l'ennemi. Elle se justifie par la nécessité, sa seule maxime est : la fin justifie les moyens. Pouvons-nous renoncer à user un jour de ces procédés, et nous mettre ainsi en état d'infériorité? Pourquoi dès lors formuler des règles que nous serons appelés à violer et à violer sans aucun risque de réprobation, car les seuls juges sont l'opinion publique et la conscience du général en chef. Or la conscience d'un homme de guerre sera toujours en repos s'il a agi conformément à ce que lui commandait le devoir militaire. L'opinion publique et l'histoire qui est l'opinion publique de la postérité, seront si probablement déformées par la passion que leur sanction est douteuse. L'état de l'opinion publique en 1870 le prouve ; nos indignations étaient des cris de la vanité blessée, les horreurs de Bazeilles, considérées comme invraisemblables et les sympathies de certains guides de l'opinion, comme M. Rolin-Jacquemyns, se modifiaient à mesure que s'affirmait le succès des Allemands...

En somme, on a fait à Bruxelles une œuvre, dédaignée des forts lorsqu'ils n'y voient pas un moyen d'affirmer la toute puissance de leurs armes, critiquée des faibles dont elle paralyse la défense. N'aurait-il pas mieux valu faire une manifestation généreuse au moins, sinon plus efficace? Condamner le principe même de la guerre, dénoncer expressément certaines pratiques, préconiser tels palliatifs depuis longtemps proposés par les penseurs épris de progrès? On eut crié à l'utopie, mais le résultat n'eût pas été moins pratique, et on aurait eu la satisfaction d'indiquer résolument la voie à suivre et non de marcher à la remorque de la pratique. Au lieu de dégager ce qu'on est convenu d'appeler « la conscience publique des peuples civilisés », n'aurait-il pas mieux valu formuler les principes de saine philosophie qui sont dans la conscience de quelques philanthropes. Certainement la guerre n'eut pas été abolie pour cela, mais peut-être l'autorité de ces notions saines s'affirmant aurait contribué à mieux établir la possibilité d'une paix générale.

Les membres de la Conférence n'ont pas voulu condamner, par une déclaration solennelle, le recours au droit du plus fort. Reconnaissant qu'ils se trouvaient en présence d'un fait dont l'existence était indépendante de leur volonté, ils se sont bornés à transcrire un certain nombre d'usages, montrant que dans le droit des gens tout est indécis, arbitraire, mobile comme les événements et les intérêts, comme les opinions de ceux qui président aux destinées politiques des nations.

En formulant un certain nombre de règles positives pour certains cas particuliers, on avait pensé s'imposer plus facilement aux convictions de ceux qui, en toutes choses, sont plus prêts à accepter des décisions spéciales qu'à entrer dans des discussions de principe. On a surtout réussi à prouver que, suivant une expression de Rossi, le droit des gens n'est pas sorti des misères de l'empirisme, et on peut appliquer à l'œuvre de la Conférence de Bruxelles le jugement que portait Kant sur le droit international.

« D'après cet inventaire il est facile d'entrevoir ce qu'est actuellement le Droit International : tantôt banal à force d'évidence, tantôt discrétionnaire et inique lorsqu'on le ramène à ses élements essentiels ce droit dans ses détails est rempli de puérilités, de formalités, d'obliquités ; il n'empèche pas les gouvernements de vivre en état de conspiration permanente les uns contre les autres. (1) »

On s'est demandé si la réglementation de la guerre n'était pas l'œuvre de ceux qui voudraient la perpétuer en l'organisant et en dissimulant sous un masque juridique le droit du plus fort.

Quoi qu'il en soit, il parait certain que tout essai de réglémentation de la guerre constitue aujourd'hui une œuvre surannée.

Voici pourquoi. On conçoit deux droits des gens : l'un a tendu à se formuler en Europe alors que les peuples. n'avaient aucune part à l'orientation de leur politique Les affaires des nations étaient dirigées il n'y a pas longtemps, non par elles ou pour elles, non par les délégués qui recevaient d'elles leur pouvoir, mais par des hommes qui se disant investis d'une puissance émanée de Dieu, poursuivaient sous le couvert de l'intérêt de l'Etat la satisfaction de leurs passions personnelles, utilisant leurs sujets comme de simples instruments. L'histoire ne nous apprend-elle pas que l'ambition des princes fut un des plus fréquents motifs de guerre ? Durant cette période, la guerre a dû paraître une chose toute naturelle et nous voyons l'éducation des princes tournée presque exclusivement vers les choses militaires. Les armées étaient composées de volontaires et de mercenaires, elles comptaient un petit nombre d'hommes éprouvés ; on ne demandait au peuple que de fournir l'argent nécessaire à l'entretien des combattants.

On comprend qu'à cette époque une réglementation de la guerre eut eu sa raison d'être. D'ailleurs si elle n'a pas

(1) Paix pèrpétuelle p. 291.

été écrite, elle existait en fait. Les ouvrages de tactique militaire s'acordent à le reconnaître : de la guerre était en quelque sorte conventionnelle.

D'autre part, l'idée de patriotisme n'était pas nettement dégagée et il eut été permis d'accepter comme possible le tableau d'une guerre où les populations indifférentes, préservées par les usages, eussent assisté en spectateurs désintéressés au duel entre les armées ennemies. C'est bien là ce qui parait être aujourd'hui l'idéal des publicistes du Droit International, mais cet idéal est irréalisable.

Au contraire on conçoit un nouveau droit des gens qui réprouve la guerre considérée comme une conséquence fatale des mauvais instincts survivants chez l'homme et qui le rendent si souvent injuste. La guerre à mes yeux se justifie seulement par le droit de légitime défense ; en donnant à ce mot son extension la plus large : le combat est juste pour la liberté, l'intégrité du territoire, pour l'honneur. On peut modérer la poursuite de ses intérêts par un appel à la raison, mais le droit des gens ne peut diminuer l'importance des moyens de défense d'un peuple.

Il existe une véritable antinomie entre ce droit des gens qui implique la nécessité de la guerre, même en voulant en limiter les effets, et ce droit idéal de paix et de justice qui d'une part exclut la guerre comme une condition nécessaire de la mise en œuvre des forces humaines et cependant admet les justes passions suscitées par l'instinct de la conservation, de la légitime défense.

Le système de la conférence de Bruxelles est celui de uerre naturelle effet du vieux droit d'usurpation et ¡ageld conquête qu'elle atténue par le désintéressement des peuples et la réglementation des risques professionels du soldat, on ne peut l'admettre parce qu'il réclame des peuples passifs, des soldats sans passion et « systématique » au lieu qu'aujourd'hui la nation armée qui combat ne peut demeurer indifférente.

Faut-il regretter l'échec de ces tentatives de codification? — Nous nous permettons d'en douter ; tant qu'aucune autorité supérieure n'aura mission de veiller à l'application des règles acceptées, de quelle utilité peut être la promulgation d'un code des lois de la guerre?
La volonté de porter à l'ennemi des coups mortels tend à faire fléchir les principes les mieux établis (1).

§ 4 Base du droit de la guerre. — Nous venons d'essayer de démontrer que le droit international ne pouvait fournir une base assez solide au droit de la guerre. Nous pouvons employer cette expression droit de la guerre, parce qu'elle va prendre un sens précis: Le droit interne de chaque nation peut déterminer à l'avance quelles pratiques seront autorisées ou interdites et la sanction de ses prohibitions sera inscrite au Code pénal militaire.

Nous avons vu que le colonel Von Rustow rapportait à la nécessité du maintien de la discipline la raison de la défense de faire du pillage, tous les écrivains militaires sont d'accord sur ce point. « Les gouvernements possèdent deux moyens puissants de prévenir les pires excès, la discipline rigoureuse maintenue en temps de paix et dont le soldat a pris l'habitude et la vigilance de l'administration qui pourvoit à la subsistance des troupes en campagne. » (2) « Je dis et je répète, écrivait le duc de Leuchtemberg, que dans les armées modernes

(1) Cabouat. Nouv. rev. hist. de Dr. fr. — 1890 p. 610. — Rouard de Card. Et de Dr. Int.
(2) Rev. dr. Int. 1881, p. 80

où la discipline parvient en temps de paix à empêcher les débordements des éléments brutaux qui existent toujours dans leurs contingents, il dépend également des chefs de contenir par de sages mesures ces passions en temps de guerre. Il n'y a que bien peu de cas où les écarts des principes du bon et du juste puissent être excusés. (1) »

L'intérêt même de la conduite des opérations engage les chefs à tenir la main au maintien de la discipline.

M. Pradier-Fodéré (p. 510) estime que l'hostilité contre une codification des coutumes de la guerre lui parait incompatible avec la conviction que la discipline rigoureuse est le plus puissant moyen pour en adoucir les maux. « En effet, dit-il, la discipline militaire ne saurait être basée sur l'arbitraire, elle exige que chaque membre d'une armée sache quels sont ses droits et ses devoirs. » Il est facile de répondre en jouant sur les mots, que la discipline militaire est de son essence même arbitraire ou exclusive d'arbitraire. Le soldat sait que son devoir le plus impérieux est d'obéir à l'ordre de ses chefs, sans le discuter ; il trouve aussi l'expression de ses droits dans l'ordre même de ses chefs.

Les codes militaires, français, espagnol, italien, d'autres sans doute, prévoient et répriment sévèrement les délits contre les personnes ou les propriétés.

Les penseurs doivent donc borner leur effort à faire pénétrer dans la conscience des hommes de guerre des sentiments d'humanité et de modération. Pour cela il n'est pas nécessaire de recourir à une prétendue autorité juridique, mais il faut plutôt s'adresser à la raison qui peut gouverner les élans de la passion ; il faut leur rap-

(1) Rev. dr. Int. 1881 p. 307

peler que l'autorité redoutable dont ils sont les détenteurs ne relève que de leur conscience. Mais hélas ! une autre loi suprême de la guerre leur dira aussi: « Si vous devez vous souvenir que vous êtes des hommes et que vous faites la guerre à des hommes, parfois aussi vous devrez l'oublier. » (Clausewitz).

Le droit international n'a pu imposer son autorité en cette matière, mais les lois militaires ont remédié à son impuissance en promulguant des peines sévères contre les actes isolés de destruction qui s'appellent en réalité maraude ou pillage.

Depuis plus de cent ans une loi française réprime ces infractions; l'article 3 de la loi du 6 brumaire an V. Tit. V, dispose: « Tout militaire ou autre individu attaché à l'armée ou à sa suite qui sera convaincu d'avoir mis le feu aux magasins, arsenaux, maisons rurales ou d'habitation ou à toute autre propriété publique ou privée, moissons ou récoltes faites ou à faire, en quelque pays que se soit, sans ordre par écrit du général, ou autre commandant en chef, sera puni de mort. »

L'art. 718 du préambule du règlement italien sur le service des armées en campagne, proscrit absolument « tous les actes préjudiciables aux propriétés non justifiés par les nécessités de la guerre et prévus par le code pénal militaire, bien que commis dans un pays ennemi. »

L'article du code pénal italien auquel il est fait allusion est l'art. 252 qui dit: « Celui qui sans ordre supérieur ou sans être dans la nécessité de se défendre aura volontairement, encore bien qu'en pays ennemi mis le feu à une maison ou à un autre édifice, sera puni de mort après dégradation. »

CHAPITRE II.

DE LA DÉVASTATION, DU PILLAGE ET DU BUTIN

SECTION I. — **De la Dévastation**

Les moindres mouvements de troupes occasionnent des dommages à la propriété privée. Ces dégâts, qui résultent nécessairement des opérations militaires, ne constituent pas une violation du droit, mais ils doivent être considérés comme un accident. Jadis la dévastation a souvent été la règle; l'envahisseur doit, de nos jours, s'efforcer d'en atténuer l'importance et s'abstenir de tout dégât qui ne serait pas absolument nécessaire. Il y a longtemps que Polybe, exprimant cette idée que la nécessité est la limite des droits des belligérants, disait : « Détruire des choses qui ne nous sont d'aucun secours ni d'aucune utilité pour la guerre, sans que d'ailleurs leur perte diminue les forces de l'ennemi, n'est-ce pas le comble de l'extravagance et de la fureur?... quand même on le ferait par droit de représailles, on ne serait pas excusable ». (L. V. ch. II.)

Ces principes sont, depuis l'antiquité, dans la conscience des hommes éclairés, on ne saurait dire qu'ils sont actuellement dans la pratique.

Les règles proposées par les publicistes, et notamment par Wheaton (1) se réduisent à la paraphrase du principe posé plus haut : Toute dévastation ne se justifie que par la nécessité, ce terme échappant d'ailleurs à toute définition. Conformément à une règle que nous retrouverons en toute matière analogue, l'ordre de dévastation, pour être régulier, doit émaner de l'autorité la plus haute,

On peut résumer la théorie en disant que : la doctrine reconnait les exigences rigoureuses de la guerre qui excusent les destructions et les dévastations que l'on ne peut éviter, et qu'elle recommande d'user de modération et d'éviter ce que Travers Tuviss appelle les « dommages permanents ». L'envahisseur pourra donc abattre les maisons, couper les arbres, incendier tout ce qui pourrait constituer une gêne pour ses mouvements, un abri pour l'ennemi. Il sera même autorisé, pour empêcher ses adversaires de trouver un lieu de campement, pour l'arrêter dans sa retraite ou dans sa marche en avant, à dévaster les récoltes, à troubler les sources, mais non à les empoisonner. Il devra éviter de détruire les vignes, les oliviers, tout ce qui constituerait pour l'adversaire une perte, dont les effets se feraient longtemps ressentir.

Le Manuel de Droit international à l'usage de nos officiers impose à l'envahisseur l'obligation de faire constater le dommage causé à la propriété d'une manière authentique « afin de ménager aux particuliers atteints dans leurs biens les moyens de participer plus tard aux indemnités qui pourront leur être accordées ».

(1) Wheaton, Dr. int. codif. s. 611.

Blunstchli, reproduisant (1) les dispositions de l'art. 84 des Instructions du Dr Lieber, exige que toute destruction soit exécutée par des troupes régulières. Cette prescription paraît équitable. Toutefois, il est bon de faire remarquer qu'elle n'a pas été proposée pour sauvegarder les biens des ressortissants de l'Etat envahi, mais seulement les intérêts de l'envahisseur. Les habitants d'un territoire occupé peuvent, grâce à leur connaissance du pays, se glisser à travers les lignes de l'armée ennemie, couper les fils télégraphiques, détruire les voies ferrées, les ponts, essayant ainsi de retarder la marche de l'invasion. Les Prussiens en 1870 fusillaient les Français coupables de ces actes patriotiques. Mais ils n'éprouvaient pas le besoin de rechercher si leurs actes étaient légitimés par un autre droit que celui de la nécessité. Désormais, si l'opinion de Blunstchli était admise, la sentence de mort serait rendue pour crime contre le droit des gens. « Les auteurs de ces actes, dit-il, ont peut-être agi par patriotisme, mais on ne saurait tolérer une manière d'agir aussi dangereuse et aussi contraire aux usages des nations civilisées ».

SECTION II. — Du Pillage et du Butin

DÉFINITIONS. — Le mot « Butin » a un sens complexe ; il désigne à la fois l'exercice d'un droit prévu et réglé par la loi interne et le produit illégitime du pillage.

Butin est synonime de pillage, dans une de ces acceptions et il s'en distingue dans l'autre.

(1) Blunstchli : Dr. Intern. codifié (art. 641)

Le butin peut-être interdit ou légitime : quand il désigne le produit du pillage et par extension l'acte même de piller, il est interdit; il est au contraire autorisé et prend le nom de butin proprement dit, (Pradier-Fodéré) butin légitime ou butin de guerre, lorsqu'il désigne collectivement les objets pris sur les belligérants eux-mêmes, après une action militaire. Dans ce dernier cas on le considère comme une conséquence naturelle de la guerre; « il s'exerce entre les combattants avec l'acceptation expresse ou tacite des chefs d'armée; il exclut toute idée de violence, de dégât, de rapine ou de vol. »

Certains auteurs, tels que Bonfils réservent le mot de butin pour désigner le butin légitime et appellent pillage toute appropriation violente du bien des particuliers. Pradier-Fodéré (1) admet que ces deux termes peuvent être confondus en ce qu'ils désignent tous deux l'appropriation « d'objets corporels ou mobiliers appartenant à des personnes privées, mais le butin diffère du pillage en ce que ce dernier suppose plus spécialement une main mise violente opérée avec une sorte d'ensemble, décidée, parfois ordonnée, ou sent autorisée, par l'autorité militaire, tandis que le butin sur les particuliers semble plutôt consister en une appropriation pratiquée sans violence par des soldats agissant sans ensemble concerté. Le pillage est ordinairement accompagné de dévastation; le butin fait sur les particuliers n'est que le vol. »

§ 1. Du pillage et du butin fait sur les particuliers. — Le pillage était autrefois autorisé par les lois de la guerre; les choses acquises par ce moyen étaient con-

(1) Pradier-Fodéré, loc. cit., p. 1090. — Cfr. Despagnet, p. 593.

sidérées comme *res nullius*, acquises par conséquent par l'occupation.

Grotius dit à ce sujet que selon la convention tacite des peuples, une chose est censée prise par droit de guerre lorsqu'on s'en est rendu maître de telle manière que l'ennemi à qui on l'a enlevée doive vraisemblablement avoir perdu l'espérance de la recouvrer. Cela a lieu en matière de choses mobilières lorsqu'on les a disposées chez soi, c'est-à-dire dans les endroits dont on est maître.

En fait, il fallait qu'un jour fut écoulé pour consolider la propriété comme le prouve l'histoire de De Thou (année 1595 l. CXIII). Une ville de Brabant ayant été prise et reprise dans les vingt-quatre heures, le butin fait sur les habitants leur fut rendu. Grotius qui rapporte cette coutume en voit l'origine dans une disposition de la loi des Lombards qui limitait à vingt-quatre heures l'espace pendant lequel on ne pouvait prendre une bête blessée par un autre.

Le pillage est condamné par le droit interne. — Aujourd'hui il n'en est plus ainsi, à l'ancienne règle que Burlamaqui formulait ainsi :

« Selon les règles du droit des gens tous ceux qui font la guerre acquièrent la propriété de ce qu'ils prennent à l'ennemi et cela sans règle ni mesure (2) », on a substitué une interdiction absolue sanctionnée par les lois pénales (art. 440-1. C. P. — 258 code J. M.)

La loi civile a également trouvé l'occasion de condamner le butin fait sur les particuliers. Plusieurs

(1) Grotius Dr. de la guerre et de la paix. L. III, ch. VI § III 1 et 2.
(2) Burlamaqui Dr. polit. ch. VII § 12.

arrêts ont été rendus sur cette matière après la guerre de 1870. Dans une affaire soumise à la Cour d'Angers un individu était poursuivi comme complice d'un fait commis dans les circonstances suivantes et qualifié vol. Le gérant du buffet de la gare de Givors avait caché ses vins dans un caveau qu'il avait fait murer. Un sieur Duhamel ayant eu connaissance de ces précautions, dénonça le fait à des soldats allemands et de compagnie ils burent ou vendirent les bouteilles de vin dont ils réussirent à s'emparer.

Le sieur Duhamel, poursuivi, prétendit que l'acte dont on l'accusait était improprement qualifié vol, puisqu'il était autorisé par les lois de la guerre. Mais la Cour d'Angers et la Cour de Cassation adoptèrent la thèse du ministère public. (Angers, 14 mars, 71 S. 71. 2.213.—Cass., 13 décembre, 71. S.72. I. 44, et la note).

Dans un deuxième arrêt, rendu par la Cour de Besançon, il s'agissait d'un cheval dont un soldat allemand s'était emparé et qu'il avait revendu. Le propriétaire dépossédé invoquait l'art. 2280, et demandait à rentrer en possession du cheval volé, moyennant le paiement d'une indemnité au possesseur, la Cour déclara : Le fait de la part d'un ennemi pendant la guerre d'avoir enlevé de force et sans réquisition régulière une chose mobilière à son propriétaire constitue un vol. Dès lors le propriétaire de la chose enlevée peut la revendiquer contre celui entre les mains duquel il la trouve. (Besançon, 12 mai 73. S. 73.272.). Le pillage a encore une fois été solennellement condamné à la suite d'un débat qui eut un certain retentissement, et que nous allons analyser avec quelques détails parce que nous n'avons rencontré dans les auteurs de droit international aucune allusion à ce curieux procès.

On sait qu'à la chûte de l'Empire, de longs et pénibles règlements de compte eurent lieu entre l'empereur déchu et l'Assemblée Nationale. Une Commission spéciale, dite Commission de la Liste civile, fut même nommée pour examiner les réclamations de la famille de Napoléon III. En 1874, l'ex-impératrice Eugénie demanda, par l'intermédiaire de M. Rouher, la restitution des objets d'art, qui constituaient le Musée chinois, installé dans une salle du palais de Fontainebleau Qu'était-ce que ce musée chinois et d'où provenait cette collection d'objets d'art? Il provenait de ce que par un indulgent euphémisme en avait appelé le déménagement du palais d'Eté de l'empereur de Chine.

L'opposition, sous l'Empire, exploita largement cette infraction aux lois de la guerre. Il ne semble pas cependant que la faute première soit imputable au général Cousin-Montauban. Celui-ci,—dit Taxile Delord, (1) auquel nous empruntons ces détails, — était entré dans le palais, suivi de son état-major, et avec un brigadier anglais, accompagné de ses officiers. « Il avait autorisé chacun des membres du cortège à choisir un objet à sa convenance, comme souvenir, ajoutant qu'il comptait sur l'honneur de tous pour respecter les richesses contenues dans le palais. » L'historien décrit les merveilles de ce palais et ajoute : « L'admiration dans laquelle les visiteurs s'étaient renfermés jusqu'ici, faisait place peu à peu à un sentiment plus vulgaire : l'envie de posséder ces richesses qu'ils couvaient des yeux et touchaient de la main. Sous l'influence de cette ardente convoitise et sans qu'on puisse savoir qui donna l'exemple, Français

(1) Taxile Delord, *Histoire du Second Empire*, t. III, p. 44 et suiv.).

et Anglais se livrèrent aux préliminaires de la grande opération qu'on appela plus tard le déménagement du palais d'Eté. Les passions cupides de l'armée étaient si fortement excitées que les soldats menaçaient de faire irruption à la suite du général en chef : la compagnie d'infanterie de marine, préposée à la garde de la porte, n'était plus une protection suffisante, la tentation était trop forte elle avait gagné les officiers et les soldats de garde. Les précautions furent prises pour procéder à un pillage méthodique qui commença le jour même... Meubles, vases, bijoux ; on fit main basse sur tout. Une commission, composée d'un colonel et de deux officiers, fut alors nommée dans chaque armée pour procéder au choix, au classement et au partage des objets dignes d'être offerts à leurs Majestés l'Empereur des Français et la Reine d'Angleterre ; le produit de la vente qui eut lieu après ce prélèvement fut distribué aux troupes. » Ainsi après avoir essayé, au nom de l'honneur, d'empêcher le pillage, les généraux en chef y participèrent et y firent participer leurs souverains, la part offerte à l'impératrice forma le Musée chinois de Fontainebleau.

Sans entrer dans l'examen des arguments fournis par le mandataire de l'impératrice pour arriver à obtenir la restitution de ce musée, nous nous contenterons de citer ce qui a trait à notre étude. Ces objets, disait-on, ont été offerts à titre de don personnel par le commandant de l'expédition de Chine, qui se les était appropriés par droit de guerre. C'est donc une propriété personnelle déposée dans un palais de l'Etat et qui doit être restituée. Le général en chef, répondaient les partisans de l'Etat, n'a pas pu faire ce don légitimement : Si on considère le musée chinois comme un trophée militaire, le général en chef n'a pu en devenir propriétaire. L'armée qui fait un butin n'est pas propriétaire de ce butin, c'est au nom de l'Etat qu'elle s'en empare, l'Etat l'acquiert par son intermédiaire, et l'on invoquait Vattel : « Comme on appelle conquêtes les villes et les terres prises sur l'ennemi, toutes les choses mobiles qu'on lui enlève forment le butin. Naturellement ce butin n'appartient pas moins que les conquêtes au souverain qui fait la guerre ; car lui seul a des prétentions à la charge de l'ennemi qui l'autorisent à s'emparer de ses biens et à se les approprier. Les soldats ne sont que des instruments dans ses mains pour faire valoir son droit ; il les entretient et les soudoie ; tout ce qu'ils font ils le font en son nom et pour lui. » (Vattel, L. III. ch. 9.)

Mais les défenseurs de l'impératrice Eugénie invoquaient de rechef et de plus fort le même Vattel. « Le souverain peut faire aux troupes telle part qu'il lui plaît du butin. Aujourd'hui on leur abandonne, chez la plupart des nations, tout celui qu'elles peuvent faire en certaines occasions où le général permet le pillage. »

Or il est certain, disaient-ils, que ce qui s'est passé au palais d'Eté constitue un véritable pillage, qui a été non seulement autorisé, mais encore organisé. Le général en chef a trouvé profit, suivant son rang et son grade, au même titre que tout autre membre du corps expéditionnaire. S'il a ensuite fait part à l'impératrice de la part des dépouilles qu'il aurait pu garder, c'est un acte privé. Les richesses, objet de cette donation, doivent donc être restituées à l'impératrice. Le droit des gens y consent, Vattel, son oracle, fournissant des textes en faveur de l'impératrice. Quelqu'un alla même jusqu'à invoquer l'opinion de Platon, qui met le pillage au nombre des voies naturelles d'acquisition de la propriété.

Les défenseurs des intérêts de l'Etat eurent cependant gain de cause. En s'abritant derrière le droit de pillage, les amis de l'impératrice la plaçaient dans une situation désavantageuse. Qu'importe leur répondit-on Grotius, Vattel et le droit des gens ? Notre loi positive, interne, vous condamne. Si nous considérions ces objets comme propriété légitime nous admettrions la légitimité du droit de pillage, l'ordonnance du 3 mai 1832 art. 210 et 211 interdit le pillage aux armées. L'opération du Palais d'Été a donc été une infraction à la loi. Si personne n'a eu le droit de prendre, personne n'a eu celui de donner. Le musée chinois devait donc rester à l'Etat non à l'Impératrice. Toutefois on transigea. Quelques honnêtes gens auraient voulu qu'on allât plus loin et qu'on restituât à la Chine ce qui lui avait été pris, trouvant immoral que l'Etat tirat profit d'un acte qui eut mérité châtiment. Mais leur voix demeura sans écho.

Le droit interne français a donc condamné hautement le pillage et aujourd'hui l'opinion européenne parait unanime. Toutefois, cette loi fut difficilement acceptée et la répugnance des publicistes à condamner une pratique interdite aux troupes françaises depuis une loi de nivôse an III, justifie la sévérité avec laquelle Blunstchli traite les théoriciens du droit des gens. « Il est honteux, dit-il, de n'avoir reconnu sur ce point la vérité que lorsque les différents états eurent défendu à leurs armées de piller l'ennemi. Pendant que nos jurisconsultes se laissaient éblouir par la tradition et par des fictions légales, les généraux travaillaient énergiquement à abolir ce vol manifeste que les savants s'efforcaient de faire passer pour un droit. Sur quoi se fonderait ce prétendu droit? ».

§ 2 PILLAGE D'UNE VILLE PRISE D'ASSAUT. — On se demande encore si le droit des gens autorise le pillage d'une ville prise d'assaut ; l'accord n'a pu se faire complètement sur ce point et des théoriciens d'une autorité considérable comme Martens légitiment cette pratique. Elle n'a plus cependant aucune raison d'être. Elle se comprenait à l'époque ancienne où les armées composées de mercenaires faisant la guerre pour leur propre compte, pillaient et rançonnaient tout sur leur passage ; le soldat de ce temps, « avait pour bonne amie Mme la Picorée » et ses qualités sont indiquées par cette épigramme de Froissart : « Anglais sont convoiteux, aussi sont tous gens d'armes » (1). Au XVIe siècle l'usage était encore établi de mettre à mort les soldats ou les habitants des villes qui avaient lontemps résisté. Ainsi l'histoire nous rapporte que Louis XII fit pendre le gouverneur d'une place forte qui avait fait « vilaine réponse » à la proposition de se rendre. (2) De Thou parle de la garnison d'une petite ville pendue « pour avoir osé défendre un pareil pigeonnier contre une armée française » ; cet historien ajoute que cette barbarie passa en droit parcequ'on la pratiquait habituellement et qu'une partie des habitants de Bovines fut pendue « suivant les lois de la guerre pour avoir osé essuyer témérairement le feu du canon. »

Laisser la vie au vaincu en échange de ses biens était donc une faveur à cette époque, mais aujourd'hui le pillage ne peut être considéré que comme un acte odieux ; cette coutume est condamnée par Blunstchli qui

(1) Froissart. chron. L. III ch. 12.
(2) H. Martin. Hist. de Fr.

estime (nº 661) qu'il n'est pas de bonne guerre de promettre aux soldats de piller librement une place pour les engager à l'assaut. « On justifie quelquefois encore, dit-il, le droit d'un chef de permettre le pillage d'une place défendue avec opiniâtreté, on envisage comme nécessaire à la réussite de la guerre de pouvoir encourager les assaillants en leur faisant entrevoir de gros gains. Mais ici encore c'est l'ancienne barbarie qui essaie de relever la tête ; ce qui est de sa nature inique et honteux ne peut être promis comme récompense et ne doit pouvoir être employé comme moyen d'exciter une armée à remplir son devoir. Il est contraire à l'honneur militaire d'exciter des soldats à remplir leur devoir en leur offrant de devenir brigands. » (1)

Blunstchli fait allusion au code général de Prusse qui autorise le pillage des villes prises d'assaut. Les lois militaires françaises interdisent absolument cette pratique, le règlement sur le service des armées en campagne du 28 mai 1895 recommande de réprimer sévèrement tout acte de pillage, et le manuel de droit international à l'usage de nos officiers s'exprime ainsi (p. 121) : « Le pillage est aujourd'hui condamné par les lois de la guerre. On ne verra plus — il faut l'espérer — de général enflammer l'ardeur de ses troupes en faisant briller à leurs yeux les richesses du pays ennemi, ni châtier la résistance patriotique d'une place en la faisant mettre à sac ». Il convient de remarquer la tournure optative de la phrase ; elle se justifie par ceci, que les règles du droit des gens ne sont point inéluctables et « doivent au contraire être violées quand la nécessité et

(1) Dr. int. cod. nº 661.

le salut public l'exigent » (Blunstchli, introd., p. 41). Leur observation est encore subordonnée à la manière d'agir de l'adversaire. Si l'un d'eux les enfreint, l'autre sera autorisé à les oublier en vertu du droit de représailles, qui est à la fois une sanction et une violation du droit des gens.

Si le pillage était ordonné par le commandant en chef, ce ne serait plus un crime ordinaire relevant du droit pénal, mais un crime dépourvu de châtiment, contre la morale, contre l'humanité, il ne serait justiciable que de l'opinion publique et des représailles.

Du pillage des maisons abandonnées par leurs propriétaires. — Nous avons dit que le pillage était absolument interdit; les Allemands admettent à cette règle une restriction. Les maisons dont les propriétaires ont fui l'invasion ou même ne sont pas présents au moment de l'arrivée des troupes ennemies, peuvent être pillées, sans que le soldat commette un délit. Cette opinion, que Blunstchli expose dans l'article 652 de son Droit international codifié, est adoptée par MM. Funck-Brentano et Sorel (1) : « Lorsque l'habitant abandonne sa demeure sans y laisser aucun gardien, l'envahisseur n'est pas tenu de protéger des biens dont le possesseur légitime n'est ni présent, ni représenté ; il n'a nullement le devoir de les défendre contre les maraudeurs ». Elle est repoussée par M. Féraud-Giraud, qui fait observer justement que bien des lieux d'opulente résidence sont inhabités pendant une partie de l'année, et que si l'on ne peut imposer à l'armée ennemie le devoir de les protéger contre les maraudeurs, il n'en faut pas conclure que les soldats ont le droit de piller.

(1) Funck-Brentano et Sorel. Précis de Droit des gens, p. 283.

Les publicistes allemands accordent en outre à l'armée le droit de prendre chez l'habitant les objets de consommation courante : les vivres, les médicaments, même le tabac et les cigares. Mais ces concessions faites uniquement dans le but de rapprocher davantage la théorie de la pratique sont dangereuses. Il faut encore mentionner une dernière concession plus inquiétante que les autres qui reconnait aux commandants en chef le droit d'ordonner le pillage d'une ville pour la punir d'avoir contrevenu à un ordre quelconque. Les Allemands seuls, soutiennent la valeur théorique de ces diverses mesures.

§ 3. La théorie et la pratique. — On peut étudier dans quelques guerres récentes les exemples de dévastation et de pillage sans les séparer, parce que la dévastation et le pillage sont des compagnons inséparables.

Si dans l'intérêt de la discipline et de la sûreté de l'armée les chefs militaires ont interdit à leurs troupes les actes de destruction isolée, ils n'ont pas renoncé à essayer de vaincre la résistance d'un peuple par une dévastation méthodique. Sans remonter au-delà de la guerre franco-allemande il est facile de citer des exemples. Le comte de Chaudordy dans sa circulaire du 29 Nov. 1870 qui constitue un accablant réquisitoire, accuse les Allemands d'avoir pillé et volé systématiquement dans toutes les villes où ils ont séjourné. Elle les accuse « d'avoir ordonné l'incendie et le pillage pour punir l'acte de citoyens coupables uniquement de s'être levés contre l'envahisseur, abusant pour cette exécution sauvage de l'implacable discipline imposée à leurs troupes... Toute maison où un franc-tireur a été abrité, a été incendiée. » Ces faits ne peuvent être niés, la menace en était contenue dans une circulaire du général de Werder commandant la 3e division de réserve aux maires des communes avoisinant son quartier général : « Les maires des endroits dans les environs doivent prévenir le commandant du détachement prussien le plus voisin sitôt que les francs-tireurs se montrent dans leur commune. Selon la loi de la guerre, toutes les maisons ou villages qui donneront asile aux francs-tireurs sans que le maire donne la notice susdite seront brûlés ou bombardés. »

Aucun démenti appuyé sur les faits ne fut opposé aux aux réclamations de M. de Chaudordy. M. de Bismarck se contenta de répondre que cette pièce était évidemment faite pour satisfaire l'opinion publique française. A ses yeux c'était moins une protestation contre les violations d'un droit de la guerre toujours invoqué par les Allemands que le cri de la vanité blessée.

Le général de Werder nia simplement que les troupes aient pu piller. Il est impossible dit-il, que des soldats se chargent d'objets encombrants et lourds, la charge réglementaire leur suffit. Cet argument a été adopté et reproduit par Blunstchli et M. Rolin-Jacquemyns : « Quant aux journaux français qui se sont plu à représenter les soldats allemands comme des voleurs de pendule, ils oublient qu'aucun soldat n'ajoutera volontiers le poids d'une pendule de marbre ou de bronze à celui de son havre-sac. (Bl. p. 641 note). Tout le monde aurait désiré une réponse plus précise à des accusations qui ne manquaient ni gravité, ni de précision. Elle n'est pas venue et cependant je ne sais pas si à l'heure actuelle l'opinion publique européenne est convaincue de la légitimité des protestations de la France, tellement la politique est exclusive de sincérité et d'impartialité.

Guerre turco-russe. — La guerre turco-russe de 1877 est la première guerre européenne survenue après la séparation de la conférence de Bruxelles. La Russie on se le rappelle avait pris l'initiative de la réunion d'une conférence à Saint-Pétersbourg; aussi cette guerre fut-elle suivie avec soin, parce qu'on espérait y trouver l'application des règles récemment formulées. L'événement ne réalise pas ces prévisions optimistes.

Dès le début des hostilités (18 mai 1877), l'Institut de Droit international rédigea un appel aux belligérants et à la presse, dans lesquels on rappelait que la guerre n'était plus un retour à l'état de barbarie, que c'était bien au contraire un état juridique, que les lois en avaient été dégagées et qu'elles s'imposaient désormais à la conscience du monde civilisé. Six jours après cet appel, paraissait un ukase ordonnant aux autorités militaires de se conformer aux règles de la conférence de Saint-Pétersbourg et à l'esprit de la conférence de Bruxelles, avec cette restriction toutefois: « Sous réserve de réciprocité et en tant que ces principes sont applicables à la Turquie et s'accordent avec le but spécial de la guerre actuelle. »

Cette réserve était prudente et l'avenir la justifia. La Turquie ne négligea pas d'ailleurs de rechercher le précieux appui de l'opinion publique, elle lança deux proclamations, l'une à ses troupes, l'autre aux puissances (6 avril, 26 avril 1877). « Malheur à celui qui ne respecterait pas la vie ou la propriété des habitants, sans distinction de religion ou de nationalité. »

L'effet de ces proclamations est singulièrement diminué par la publication de quelques autres documents. Dans son ouvrage sur « la guerre d'Orient et la conférence de Bruxelles. » M. de Martens rappelle une dépêche de Savfet-Pacha, révélant que la Porte ignorait la Convention de Genève, et il cite une prière composée par le Scheik-ul-Islam, pour être dite dans toutes les mosquées, qui indique suffisamment le fanatisme des troupes turques : « O Allah ! efface tout vestige des Russes impurs, des Bulgares et des Hellènes tout aussi impurs... que leur sang coule à flots et que leurs têtes soient foulées aux pieds par les vrais croyants... Qu'ils soient exterminés par le feu, le meurtre, les naufrages, la potence, la famine, les tremblements de terre !... »

Comment s'étonner après cela, que l'on n'ait pas trouvé dans Plewna un seul Roumain, à Schipska un seul Russe vivant et que le prince de Reuss ait pu déclarer dans un rapport officiel qu'en décembre 1877, il n'y avait à Constantinople et dans toute la Turquie pas plus de 253 prisonniers de guerre ? (1)

La dévastation fut partout la règle. Beaucoup de villes situées sur le Danube et appartenant à la Roumanie furent incendiées, on sentait la Roumanie hostile et sans doute on voulait l'intimider. Les monitors turcs brûlaient tous les bâtiments rencontrés sur le fleuve sans distinction de nationalité. Braïla, Beni, Alteniza, villes ouvertes furent bombardées, sans raison, sans sommation au mépris des lois de la neutralité. Alteniza subit deux bombardements, le second dura plus de 4 jours. Le port de Béker fut dévasté, les navires qui s'y trouvaient brûlés ou coulés, la ville fut brûlée. (Proclamation du prince Charles de Roumanie, 1er mai 1877).

Le 19 juillet les Turcs obligés d'évacuer Czernavada y

(1) Revue de Dr. intern. De Martens, 1879, p. 105.

mettent le feu avant de l'abandonner; le 15 septembre la ville d'Elena subit le même sort.

Le 5 octobre, l'Allemagne adressa à la Turquie une protestation contre les atrocités sans nom, commises en Bulgarie et qui avaient été constatées par sir Arnold Kemball, délégué du gouvernement anglais au quartier général ottoman et par le colonel Mur, membre du Parlement anglais. Il faut dire que l'on s'attacha à rejeter l'horreur de ces crimes sur les troupes irrégulières, les bachi-bouzouks acquirent à cette époque une triste célébrité.

La conduite de l'armée Russe souleva aussi des protestations. A la date du 1/13 juin 1877, les principes du droit international furent portés à la connaissance des troupes, à l'aide d'une sorte de catéchisme par demandes et par réponses publié dans le recueil militaire russe, organe officiel du ministère de la guerre (De Martens, *loc. cit.*) Cependant dès le 18 juillet 1877, le ministre des affaires étrangères de la Sublime Porte écrivait à son ambassadeur à Paris : « Au lendemain d'une proclamation où l'empereur Alexandre promettait aux musulmans, la sécurité de leurs personnes et de leurs biens, les habitants de Tems près Tirnova ont été brûlés dans la mosquée où ils s'étaient réfugiés, il est nécessaire que le monde civilisé connaisse ces outrages pour s'en indigner. »

Comme auprès de l'armée turque, l'Angleterre avait accrédité auprès de l'armée russe un délégué chargé de faire des rapports sur l'observation des lois de la guerre. Ce délégué accusa l'armée russe d'excès sans nombre; une polémique violente s'engagea à ce sujet, l'écho en vint à la chambre des Communes, dans la séance du 30 juillet 1877, et à l'Instiut de Droit International qui refusa de s'en occuper ne voulant pas « sortir de son rôle et compromettre son autorité. » (Annuaire 1878).

D'autre part il est vrai le colonel Wellesley contredisait les allégations de M. Layard apportées à la tribune du Parlement anglais par M. Northcote, (dépêche du 1er août) et M. Pognon correspondant de l'agence Havas, louait à la date du 12 août la discipline de l'armée russe. A enfin la date du 27 août paraissait le rapport détaillé du colonel Wellesley déclarant absolument controuvées après enquête les accusations portées contre l'armée russe. Les Bulgares seuls pouvaient être rendus coupables des crimes auxquels on faisait allusion; sans doute ils ont incendié bien des villages mais les Russes ont essayé de les en empêcher.

Guerre du pacifique.—La guerre du Pacifique qui mit aux prises le Chili, le Pérou et la Bolivie a été fertile en sanglantes horreurs. Chaque peuple a prétendu avoir observé les lois de la civilisation et cependant on peut citer : La destruction complète de Chorillos, livrée aux flammes le 12 janvier 1881, alors que cette ville qui est une élégante station balnéaire n'avait pu se défendre; l'incendie de Barranco, le même jour; les dévastations, destructions et incendies dont avait été le théâtre : Miraflores, Mollendo, Arica, Ancon, Canete, Canta, Pallasca. Concepcion, Chicla, villes tombées sans lutte au pouvoir des Chiliens. L'avocat de la légation de la République française au Pérou, a recueilli avec les preuves authentiques à l'appui en citant les extraits des journaux Chiliens et surtout les dépêches officielles des agents diplomatiques des puissances représentées au Pérou, les détails plus circonstanciés sur ces scènes de dévastation préméditée, de destructions non justifiées par les nécessités de la guerre, d'incendie de pillage et de meurtre, qui ont placé les Chiliens au niveau des Huns et des Vandales (1).

GUERRE SERBO-BULGARE. — Les Etats dont l'existence est précaire ou qui aspirent à se faire une place dans le concert des nations civilisées se font remarquer par leur déférence envers le droit des gens bien étonné d'une pareille aubaine. Aussi les deux guerres dont nous allons nous occuper seront-elles remarquables en ce sens que les règles du droit des gens y ont été assez bien observées. Il faut dire tout de suite que la guerre Serbo-Bulgare de 1886 et la guerre Sino-Japonaise n'ont point présenté ce caractère d'âpreté qui caractérise généralement les guerres européennes. Dans les deux cas la nation vaincu a fait peu de résistance, elle a bien réalisé ce « peuple passif » qui avons-nous dit plus haut est nécesssaire pour que les règles du droit des gens moderne puissent trouver leur application.

Les Serbes croyaient, parait-il, au début des opérations partir en guerre contre les Turcs, l'éternel ennemi; aussi se montrèrent-ils disposés à combattre mollement. Il ne semble pas qu'on puisse leur reprocher de graves manquements aux lois de la guerre; je dis, il ne semble pas, car le gouvernement Serbe avait interdit à tout correspondant de journaux de suivre l'armée.

L'armée Bulgare était accompagnée de deux journalistes; l'un était un Monténégrin nommé Copcevic, l'autre un Allemand. Il va sans dire que leurs appréciation sont contradictoires. Mais Copcevic nous donne sans

(1) Pradier-Fodéré. — loc. cit. 1013, note.

le vouloir, la cause de cette anormale soumission au droit des gens. « Le fait est, dit-il, que la plupart des prisonniers Serbes se sont rendus volontairement. Lorsque leur ligne de tirailleurs se repliait, ils demeuraient couchés faisait les morts jusqu'à l'arrivée des Bulgares. Alors ils criaient « *Milost!* » (grâce) et se laissaient prendre. . En général ils étaient joyeux et contents. Aussi prenait-on fort peu de précautions pour les transporter. J'ai vu 40 prisonniers, sous la conduite d'un seul Bulgare, qui tout tranquillement marchait en avant, le fusil sur l'épaule. Comme je lui faisais remarquer son imprudence, il me dit naïvement. « Il faut bien que je leur montre le chemin » et les prisonniers lui criaient de leur côté : « sois tranquille, frère, nous sommes charmés d'être pris! » (Revue de dr. Int. 1887.)

On pourrait faire retomber sur les Bulgares la responsabilité de l'incendie et du pillage de Pirot. On ne sait cependant s'il faut accuser de cet acte odieux, les soldats excités par une lutte de plusieurs jours, car on dut conquérir le village maison par maison, ou les habitants mêmes de la ville. La ville de Pirot donnait asile à une population très cosmopolite, composée de Serbes, de Bulgares, de Turcs et de Juifs. Il ne serait pas étonnant comme le dit M. de Hulm, correspondant du *Kœlnische Zeitung*, que le pillage eut été l'œuvre de la population civile : des Serbes et les Bulgares combattant, chacun, avec l'armée de leur pays, ou des Turcs et des Juifs intéressés à accroître le désordre afin de s'assurer les moyens de satisfaire leur rapace convoitise.

Le prince Alexandre de Battenberg auquel le fait fut dénoncé ordonna une enquête sévère, fit fusiller les coupables et menaça de casser les officiers qui ne feraient pas au besoin usage de leurs armes pour arrêter les pillards.

Guerre Sino-Japonaise.—Le Japon a gagné au cours de la récente guerre avec la Chine, ce qu'on peut appeler ses lettres de naturalisation parmi les pays civilisés. (1). Dès le début de la guerre, le maréchal Yamagata, commandant la première armée d'expédition invitait ses troupes « à se conformer strictement à ce principe du droit des gens, qui dit que, dans la guerre, on doit s'adresser uniquement à la force armée de l'ennemi sans causer aucun préjudice aux habitants pacifiques du territoire adverse. » (2). Le maréchal Oyama, commandant la 2e armée, adressa à ses troupes une proclamation encore plus généreuse : « tout pillage même de la moindre chose est strictement défendu. Si un besoin urgent se fait sentir en ce qui concerne les vêtements, la nourriture, les ustensiles ou les outils, achetez-les à un prix convenable. Partout où vous passerez soyez bons et bienveillants avec le peuple et accaparez-nous son cœur par votre douceur. » Il fit apposer ensuite, dans toutes les localités que traversait l'armée, des affiches dans lesquelles il faisait connaître aux populations les dispositions bienveillantes des Japonais. Conformément aux règles de la Conférence de Bruxelles, il menaçait de peines sévères les particuliers découverts ou dénoncés, pour leur complicité avec l'armée ennemie, la destruction ou la détérioration de ponts, l'obstruction de routes ou de canaux, la destruction de mu-

(1) Rev. gén., Dr. inter. pub., 1895, p. 461.
(2) Nagao-Ariga. La guerre sino-japonaise, p. 39, 142.

nitions, le recel de soldats ennemis. « Toute tentative d'attentat à la propriété devait être aussitôt dénoncée à la gendarmerie japonaise ou au gouvernement local qui s'empressait d'accorder l'assistance nécessaire. Aussi lorsque les magasins et les boutiques furent ouverts, les marchands n'eurent pas à s'approvisionner à nouveau : les marchandises qu'ils possédaient avant la guerre étaient demeurées intactes; le commerce put reprendre immédiatement son essor. » M. Nagao-Ariga, auquel nous empruntons cette citation, donne encore un fait qui montre à quel point les Japonais observèrent minutieusement les règles protectrices de la propriété privée. Des coolies convaincus d'avoir volé, à Kinchou, des bijoux de grande valeur furent condamnés à des peines sévères, et des affiches rédigées en chinois apprirent aux habitants que les Japonais savaient punir les attentats de droit commun; les objets volés furent ensuite remis à leurs propriétaires.

Il y a cependant une ombre à ce tableau et le récit des massacres de Port-Arthur restera comme une tâche sanglante dans l'histoire du Japon. « Jamais ville conquise n'a parait-il été soumise à un traitement plus inhumain. Le correspondant du *Times* s'y trouvait, et a écrit que ce qu'il a vu resterait devant ses yeux jusqu'à la mort. Non-seulement aucun quartier n'a été accordé à la garnison, mais la fureur sanguinaire des vainqueurs a sacrifié jusqu'aux femmes et aux enfants, nulle personne n'a trouvé grâce devant elle. » (1). Le gouvernement japonais s'émut de ces nouvelles et ordonna une enquête. Les Japonais ont fait valoir pour leur défense les con-

(1) Revue générale de Dr. int. pub., 1895, p. 165.

sidérations suivantes : Les Chinois n'ont pas appliqué les lois de la guerre; les Japonais n'étaient donc tenus à aucun ménagement envers eux; si leurs soldats ont un moment obéi à leurs instincts brutaux, le gouvernement ne se sent responsable que devant sa conscience.

D'ailleurs le maréchal Oyama protesta contre l'accusation de pillage portée contre ses troupes : « Il se peut, dit-il, que l'armée japonaise qui passa la nuit dans la ville ait exigé certains objets dont elle avait besoin : tels que tables, bancs, bois, charbon, etc. — (ce qui est autorisé par les idées allemandes),— mais quant au pillage je peux affirmer qu'il n'y en eut jamais. Quelques rares contrevenants de ce chef furent condamnés conformément aux lois établies. » (1).

Cette réponse ne détruit sang doute pas toutes les allégations des témoins oculaires d'une boucherie qui dura quatre jours. M. Nagao-Ariga après avoir renvoyé l'examen de ce point de la défense du maréchal Oyouna à une autre partie de son étude sur la guerre sino-japonaise, néglige d'y revenir.

Mais pourquoi insister sur cette défaillance des Japonais? Ne serait-elle pas largement justifiée par les mauvais traitements que faisaient snbir les Chinois aux ennemis fait prisonniers et aux cadavres mêmes des combattants. « Il convient d'ailleurs d'ajouter à la décharge des troupes japonaises, que les coupables ont surtout été découverts parmi les coolies, et qu'après la rencontre de Podaïko les troupes, en traversant le champ de bataille, trouvèrent les corps de leurs camarades odieusement mutilés; on comprend la colère des Japo-

(1) Nagao-Ariga, loc. cit., p. 89.

nais à cette vue et leur soif de vengeance contre un ennemi vis-à-vis duquel ils avaient déployé jusque-là tant d'humanité. D'ailleurs les nations les plus policées ont donné des exemples d'un semblable retour à la barbarie originelle. » (1)

GUERRE DE MADAGASCAR. — Les Français à Madagascar n'avaient devant eux que des rebelles, toutefois les autorités militaires françaises crurent devoir les traiter comme des belligérants. Lorsque le 12 décembre 1894. l'amiral Bienaimé ouvrit les hostilités devant Tamatave, il prévint le gouverneur de son intention et ne laissa débarquer ses troupes qu'une heure après. Cette conduite chevaleresque ne s'est pas démentie au cours de cette longue et douloureuse campagne. Les troupes firent preuve d'une belle discipline qui provoqua l'admiration des étrangers. La liberté des personnes et des propriétés fut effectivement respectée. « Pendant toute la campagne, dit le Dr Boughevinck, directeur des missions norwégiennes de Madagascar, nous n'avons jamais entendu dire qu'il ait été commis, par les Français, le moindre acte de violence, de meurtre ou de vol. » « La parfaite discipline et la modération avec laquelle l'occupation a été effectuée par les soldats français sont plus honorables que des victoires éclatantes. Il n'y avait cependant aucune raison pour eux de se montrer généreux envers les vaincus. Si les excès sont pardonnables en temps de guerre, ils auraient trouvé dans le cas actuel des circonstances atténuantes. Malgré cela, les troupes du général Duchesne sont entrées dans

(1) Rev. milit. de l'étranger, vol. 47, p. 234.

la capitale comme elles seraient retournées dans leurs quartiers après une revue. » (1)

Ces appréciations d'étrangers plutôt hostiles à la conquête française suffisent à prouver que les règlements militaires qui interdisent le pillage et la dévastation inutiles ont été scrupuleusement observés. Le ministre des Affaires étrangères avait d'ailleurs à plusieurs reprises recommandé au général commandant l'expédition ces principes d'humanité et de justice.

Guerre gréco-turque. — La récente guerre gréco-turque est à peine terminée, aussi est-il difficile de porter un jugement définitif sur la conduite des deux armées en présence. Il sera bon d'attendre la publication des rapports des attachés militaires européens. Actuellement nous avons peu de documents officiels et nous pouvons seulement enregistrer l'opinion des journalistes qui ont suivi la campagne. Le grand-vizir disait récemment à un de ceux-ci que l'armée turque régénérée était digne d'être comparée à une armée européenne. Tel est l'avis des journalistes turcophiles, tout différent est celui des partisans des Hellènes. Les Grecs et leurs amis ont accusé les Turcs de mille atrocités, et le ministre des affaires étrangères de la Grèce M. Skouloudis s'est fait l'écho de ces accusations dans la circulaire adressée le 11 juin aux représentants des puissances. Il signalait à ceux-ci le danger nouveau qui menace la Thessalie; partout au mépris des lois de la guerre les Turcs ont moissonné et

(1) Pall-Mall Gazette, citée dans Revue génér., Dr. int. pub. 1896, page 69.

la population est exposée à la famine. Le ministre se fondait sur les violations du droit de la guerre, pour refuser à la Turquie le paiement d'une indemnité. « En admettant que de nos jours la tendance de faire solder les frais de la guerre entre les nations par une contribution pécuniaire devienne de plus en plus générale, on n'en a pas moins en vue que cette tendance est pour une grande partie fondée sur le principe d'accorder une compensation au respect professé dans les guerres modernes pour la propriété privée. Mais en est-il ainsi dans le cas qui nous occupe? Tandis que d'un côté la Turquie demande une indemnité pour couvrir ses frais, d'un autre côté elle n'a pas su montrer pendant la guerre son respect pour la propriété privée puisque ses troupes ont détruit tout ce qu'elles ont rencontré sur leur chemin. » (*Havas* 27 juin).

Une note officieuse de la *Correspondance politique* de Vienne contredit ces allégations (*Havas* 28 juin). « D'après les rapports du second secrétaire de l'ambassade d'Angleterre à Constantinople envoyé en Thessalie, les plaintes formulées par les Grecs contre les troupes turques sont pour la plupart injustifiées, c'est ainsi que ce sont les Grecs eux-mêmes qui ont pillé douze villages aux environs de Domokos; abstraction faite de quelques cas isolés les troupes turques se sont conduites partout correctement. »

Toutefois ce témoignage de satisfaction nous paraît quelque peu infirmé par la fin de la note où est relaté sans étonnement le fait que les Turcs ont commencé à rentrer la moisson « dans de bonnes conditions ». Si les inspirateurs de cet article n'ont pas vu dans cet acte une violation des droits de la guerre, il est permis de se demander de quel nom ils ont pu appeler ce qui nous paraît être un brigandage autorisé et organisé par l'autorité militaire ottomane.

Si certains officiers turcs ont déploré ces dévastations et ont fait preuve de sentiments élevés en déclarant comme le colonel Tashim-Bey par exemple : « qu'il ne se sentait aucune haine contre l'ennemi et que l'impartialité et la douceur sont les seules règles à suivre » on peut cependant relever à leur charge certaines violations flagrantes du droit des gens.

C'est ainsi que le colonel Mahmoud-Bey par exemple chef de la colonne qui prit Volo menaça les habitants de traiter la ville, au cas de révolte des habitants « comme si elle avait été prise d'assaut. » (*Journal des Débats* 20 mai) cet officier pensait donc que le pillage des villes prises d'assaut est autorisé contrairement à l'opinion généralement acceptée. Volo est d'ailleurs la seule ville qui de l'avis de tous n'a pas été pillée. Quelques fuyards grecs essayèrent de faire naître une panique dont ils auraient profité, mais ils ne réussirent pas dans leur entreprise. Le respect de la propriété privée des habitants de Volo est dû sans doute à l'autorité des consuls étrangers et aussi peut-être à la présence de la flotte grecque qui eut pu par-dessus la ville bombarder les positions turques. Pharsale que les Albanais ont « quelque peu pillé » (*Débats* 20 mai), et Georghios ont été plus maltraitées. « Lorsque nous arrivâmes à Georghios, le village brûlait tout doucement ; les lourdes tuiles dont les toits sont couverts empêchaient le feu de faire rapidement son œuvre et les Turcs méthodiquement s'occupaient à faire glisser ces tuiles le long du toit... nous passâmes la nuit au milieu des flammes. » (*Débats*, *ibid.*)

Les officiers turcs ont d'ailleurs reconnu eux-mêmes la vérité de ces faits déplorables : « Que voulez-vous, répondait le chef d'état-major, Seyfoulla-Pacha à un attaché militaire qui lui faisait constater les ravages exercés après la prise de Domokos, — j'en suis désolé ; mais c'est une habitude que nous ne pouvons faire perdre à nos soldats ; ils se battent bien mais ils détruisent tout. » (*Journal* 3 juillet). Un correspondant anglais avait rédigé ce télégramme qui peignait bien l'état d'anarchie où se trouvait l'armée turque : « Les rues de Domokos remplies de soldats pillant les maisons étaient plus dangereuses pour nous que le champ de bataille pendant l'action. » Seyfoulla-Pacha se contenta d'arrêter le télégramme en objectant que toutes les vérités ne pouvaient pas être dites. (*ibid.*)

Mais un document officiel prouvera mieux le mépris des Turcs pour le droit des gens ou leur ignorance. Le 12 juin Enver-Pacha gouverneur militaire et civil de Volo fit afficher une proclamation aux termes de laquelle : « Par ordre du gouvernement impérial la propriété mobilière et immobilière des personnes ayant quitté la Thessalie et réfugiées ailleurs qui ne seraient pas rentrées avec leurs familles dans leurs foyers, dans un délai de quinze jours, serait confisquée au profit de l'Etat ottoman. » (*Le Matin* 13 juin). La confiscation des immeubles dont le propriétaire est absent n'avait pas jusqu'ici été proposée dans les guerres modernes ; c'est une application poussée jusqu'à l'extrême du principe allemand relatif au butin fait sur les particuliers, mais je doute que cette innovation soit du goût de l'Institut de droit international.

Si nous demandons aux journalistes qui ont suivi la campagne leur impression personnelle nous serons inclinés à penser que les Turcs sont réellement coupables des excès dont on les accuse. Le correspondant du *Secolo* de Milan, fait à plusieurs reprises allusion à leur férocité; « d'une manière générale on peut dire qu'aucun village traversé par les Turcs n'a été épargné, l'incendie et le pillage ont été partout ordonnés en Epire comme en Thessalie. Depuis des siècles les soldats turcs ont tout incendié et tout massacré en temps de guerre et ils ont obéi à leurs traditions cette fois encore. » « Les Turcs ont fait de la Thessalie un désert et quand les Grecs rentreront dans ce qui fut naguère la plus fertile et la plus riche de leurs provinces ils n'y trouveront que de la terre et des pierres : » dit un autre correspondant (*Journal* 3 juillet.)

Comme on le voit l'opinion est généralement contraire aux conclusions des rapports du second secrétaire de l'ambassade d'Angleterre, qui contient cependant une part de vérité, comme nous l'expliquait un témoin oculaire qui a combattu dans les rangs des Grecs. « Je ne saurais vous citer nous disait-il aucun exemple d'observation des lois de la guerre; les Turcs ne respectaient même pas la vie des prisonniers, on ne pouvait donc espérer qu'ils respecteraient la propriété. Les Grecs d'ailleurs ignoraient aussi les prescriptions du droit des gens; plus d'un soldat a été puni pour avoir attenté à la vie d'un prisonnier. Les pillages et les dévastations sont l'œuvre de l'une et l'autre armée; on savait que les Turcs ne laissaient rien debout; aussi les habitants des villages emportaient-ils avec eux tout ce qu'ils pouvaient; les Grecs choisissaient ce qui leur convenait dans ces richesses abandonnées; les Turcs achevaient l'œuvre commencée, et souvent de colère brûlaient les maisons déjà visitées. On peut dire aussi que dans une certaine mesure, ils se croyaient autorisés à agir ainsi : les Turcs pensaient avoir le droit de piller les villes prises d'assaut. Or, si peu de villes ont été vraiment prises d'assaut elles l'ont généralement été à la suite de quelques escarmouches, voici pourquoi : l'armée régulière grecque a peu résisté, mais les positions abandonnées par elles étaient généralement conservées par des irréguliers, moitié soldats moitié brigands qui pillaient la ville jusqu'à l'arrivée des troupes ennemies. Les soldats turcs délogeaient facilement ces bandes peu nombreuses entraient après un semblant d'attaque dans une ville le plus souvent déserte et y donnaient libre carrière à leur instinct de destruction. »

En résumé la guerre gréco-turque est caractérisée par des violations nombreuses du droit des gens ; les attentats contre les propriétés et même contre les personnes paraissent avoir été fréquents et il en sera ainsi chaque fois qu'une nation fera appel au concours d'irréguliers affranchis de toute discipline et auxquels l'autorisation de faire du butin, unique et traditionnelle rémunération de leurs services, est implicitement accordée.

SECTION III. — Du Butin légitime

§ 1. — Des dépouilles. — Nous avons vu que l'opinion généralement admise prohibe tout butin fait sur les particuliers. Il est au contraire admis que les combattants ont le droit de s'approprier les objets mobiliers qu'ils ont arrachés ou pris au vaincu pendant la bataille. Il est difficile de se faire une idée exacte de ce qui peut constituer le butin de guerre proprement dit. M. Pradier-

Fodéré montre très bien les contradictions de la doctrine à ce sujet (p. 1115). Bluntschli, par exemple, restreint aux armes, aux chevaux, à l'équipement, les objets susceptibles d'appropriation; il interdit par contre aux soldats de s'emparer de l'argent et des bijoux des soldats vaincus. « Si cependant, l'ennemi tué sur le champ de bataille portait sur lui des valeurs ou objets précieux, on devra, en raison de l'impossibilité absolue de découvrir l'héritier du défunt, laisser ces objets au vainqueur plutôt que de forcer celui-ci à les enterrer ou à les laisser perdre » (art. 659). « Ceci equivaut, dit Pradier-Fodéré, à accorder immanquablement aux soldats victorieux dans le combat, l'argent et les bijoux des ennemis vaincus, car il est douteux que la recherche des héritiers soit jamais de la part des vainqueurs suffisamment poussée à fond. »

Calvo donne au vainqueur les choses « ayant une valeur courante immédiate, argent monnayé, vêtements, etc., » Pasquale Fiore dit que le butin légitime se constitue dans une seule hypothèse : « lorsque les choses appartenant aux soldats qui combattent seraient tombées au pouvoir des ennemis durant le combat, » sans s'arrêter à la valeur de ces choses.

Les auteurs proposent des règles tout à fait insuffisantes pour remplacer ces pratiques incertaines, et la raison en est facile à donner; leur bonne volonté est paralysée par la crainte des démentis donnés par la pratique. « Lors de la discussion en 1829 du projet de code de justice militaire, on déclara que les lois antérieures contenaient un grand nombre de dispositions sur les tristes scènes qui se renouvellent toujours sur les champs de bataille, » mais que le gouvernement n'avait pas cru devoir comprendre dans le projet, au nombre des crimes et des délits, « des faits sans cesse impunis parce que trop souvent la nécessité est la loi suprême. » (1)

C'est ainsi que Blunstchli après avoir dit qu'enlever à son ennemi vaincu son argent ou ses valeurs est indigne, déclare que si « un officier est porteur de sommes hors de proportion avec ses besoins personnels on sera autorisé à considérer ces sommes comme destinées à la guerre et par conséquent étant la propriété de l'État au service duquel se trouve l'officier en question. »

Il est inutile de faire remarquer le vague de pareilles prescriptions. Il vaut mieux dans l'impossibilité de donner des règles précises, s'en rapporter aux règlements militaires du soin de déterminer les conditions d'applications de principes humanitaires qui ne sont niés par personne.

L'article 6 de la loi du 11 brumaire an V, l'article 249 de notre Code de justice militaire. les art. 276 et 278 du code pénal militaire italien, punissent les spoliations de militaires tués ou blessés, et pour faciliter la reconnaissance des cadavres, on a proposé différents systèmes de plaques d'identité.

§ 2. — Armes et munitions. — Les armes, les objets d'équipement, les munitions pouvant être utilisées aux fins de la guerre deviennent d'un avis unanime, la propriété du vainqueur. « Le matériel de guerre, dit Blunstchli, est de tous les biens de l'ennemi celui dont il est le plus naturel de s'emparer en temps de guerre. Le vainqueur saisit tout ce qui entre dans cette catégorie

(1) Pradier-Fodéré, loc. cit. 1113.

sans rechercher s'il ne s'empare pas peut-être d'objets appartenant à des particuliers. Dès qu'on a constaté qu'un objet, fait, de près ou de loin, partie du matériel de guerre, le vainqueur se l'adjuge parce que l'armée doit, avant tout, chercher à désarmer ses adversaires. » L'art. 6 du projet de Bruxelles décide aussi que « les dépôts d'armes et en général toute espèce de munitions de guerre, quoique appartenant à des sociétés ou à des personnes privées, sont des moyens de nature à servir aux opérations militaires et qui ne peuvent pas être laissés à la disposition de l'ennemi. » Ces opinions ont soulevé de vives critiques : « Eh quoi ! a-t-on dit, un occupant, sous prétexte d'enlever à l'Etat ennemi des ressources, va pouvoir se saisir de toutes les armes qui se trouvent dans les immenses magasins de Liège ou de Birmingham, et il ne sera tenu à aucune obligation vis-à-vis des industriels et des marchands? Mais alors le respect de la propriété privée devient un vain mot et il s'évanouit devant le caprice du premier venu.» (1) Cette objection est purement spécieuse.

Ce sont précisément ces dépôts d'armes ou de munitions que l'ennemi aura intérêt à saisir et non pas seulement quelques panoplies d'armes de chasse ou de luxe trouvées chez les particuliers. De même que les chemins de fer par exemple sont, comme nous le verrons, l'objet d'un droit *sui generis* justifié par leur utilité, tous les biens susceptibles d'être employés aux fins de la guerre seraient légitimement saisis par l'occupant. Les manufactures de drap, de cuir, de chaussures etc. rentrent dans cette catégorie. Il ne faudrait

(1) Rouard de Card. Thèse, p. 229.

cependant pas pousser les conséquences à l'extrême et dire par exemple que puisque l'argent est la chose la plus importante à la guerre l'ennemi pourra saisir celui qu'il trouvera dans les caisses des banques privées. Il devra pour se le faire donner employer le procédé de la réquisition que nous étudierons plus tard; le résultat sera d'ailleurs le même. Les adversaires du projet défendu récemment à la Chambre relatif à la création d'une Banque d'Etat ont trouvé là un argument inattendu. L'ennemi se rendant maître de toute ville siège d'une succursale de la Banque d'Etat deviendrait propriétaire des sommes trouvées dans ses caisses. Il est facile de se rendre compte de ce qui résulterait de la main mise de l'ennemi sur le trésor national. (Jules Roche *Le matin* 26 juin.)

On pourrait donc conclure de ce qui précède que les usages actuels de la guerre n'autorisent pas la confiscation, la vente ou la destruction arbitraire d'armes séquestrées par mesure de prudence par l'occupant; mais que si les hasards de la guerre l'obligent à faire usage de ces armes, il ne devra de ce chef aucune indemnité aux particuliers dépossédés. Toutefois ces conclusions sont contredites par les pratiques suivies dans la récente guerre sino-japonaise.

Les armes, les balles, la poudre prises sur l'ennemi qu'elles aient appartenu à l'Etat ou aux particuliers devaient, si elles pouvaient servir être expédiées au Japon, et, dans le cas contraire, si elles étaient sans utilité être détruites sur place. Après la prise de Kinchou les Japonais trouvèrent une grande quantité d'armes et de munitions, abandonnées par les soldats chinois. Le maréchal Oyama ordonna leur confiscation; les chefs de la section d'artillerie furent chargés de surveiller ce butin. C'est là une application du principe que le butin est la propriété de l'Etat, non des capteurs. Mais aussi c'est une violation du principe qui reconnait la nécessité d'un reçu. Il ne faut pas y voir une violation intentionelle du droit de la guerre, mais plutôt le résultat de conditions de faits.

§. 3 Du BUTIN FAIT PAR DES PARTISANS. — Nous venons de dire que l'Etat devenait par l'intermédiaire de ses soldats, propriétaire du butin légitime ; cette régle souffre des exceptions. Les règlements militaires français permettaient jusqu'à ces derniers temps, la constitution de corps détachés que l'on appelait des « partisans. » Les partisans ont été supprimés par le règlement sur le service des armées en campagne, du 28 mai 1895, mais il autorise l'organisation de détachements dont la mission sera principalement de surprendre une troupe en marche, un convoi, d'exécuter une réquisition. Les prises faites par les détachements leur appartiennent, lorsqu'il est reconnu qu'elles ne se composent que d'objets enlevés à l'ennemi ; elles sont estimées et vendues par les soins du chef d'état-major et de l'intendant, au quartier du général qui a ordonné l'expédition et autant que possible en présence d'officiers et de sous-officiers du détachement. Les armes et les munitions de guerre ne sont jamais vendues, les objets appartenant aux habitants leur sont rendus.

Le 20 avril 1884 un arrêté de l'amiral Peyron assimilait les troupes combattant au Tonkin à des partisans; les prises faites par l'armée française ont été réparties en 1893 d'après les règles suivantes. En vertu d'un ancien décret du 22 mai 1803, l'Etat préleva sa part et le tiers seulement du butin fut attribué aux troupes.

La répartition de ce tiers fut faite par un conseil composé de sept officiers et les ventes furent effectuées aux enchères publiques. Le produit de ces ventes fut ensuite distribué suivant une proportion invariable. On donna une part aux caporaux et soldats, deux parts aux officiers supérieurs et six parts à l'officier qui commandait la colonne. La caisse des Invalides préleva en outre un sou par franc. Au total elle toucha de ce chef trente mille francs. D'après les tableaux officiels 22.863 officiers, soldats ou marins ont eu droit à une allocation qui a varié de 0, 70 centimes à 200 francs.

Le peu d'importance des parts attribuées prouve bien que le butin a été prélevé avec modération. Le Gouvernement français n'a consenti à conserver que les biens des pirates, la preuve en est dans la restitution faite à l'empereur d'Annam des 15 millions qui constituaient son trésor particulier et dont nous nous étions emparés. Cette générosité n'a pas d'ailleurs empêché ce prince de réclamer à grands cris un fusil en argent ciselé offert à un de ses ancêtres par Louis XIV et qu'un zouave s'était approprié. En résumé, le total des saisies n'a pas atteint un million et ce chiffre est la plus éloquente des démonstrations.

SECTION IV. — Choses incorporelles

A. *Le débiteur est un particulier.* — Nous allons indiquer quels sont les droits du belligérant, sur les créances appartenant aux ressortissants de l'Etat ennemi. La guerre est un acte d'Etat à Etat, qui ne doit point léser les intérêts particuliers, aussi les relations qui avaient été établies en temps de paix entre les sujets de divers pays, doivent-elles être maintenues. C'est ainsi qu'un citoyen ne pourra sous prétexte de guerre, se déclarer libéré envers son créancier appartenant à la nation ennemie. Vattel si souvent cité et encore très en honneur, on ne sait pourquoi, dans les chancelleries admettait une solution bizarre. Il estimait (L. III, ch. V, § 77), que le souverain put libérer ses sujets, des dettes contractées envers les sujets ennemis, lorsque l'échéance tombait au cours de la guerre, en s'en faisant attribuer, le montant. Et cependant combien est illogique cette opinion. Moins que tout autre bien, les créances incorporelles pouvaient tomber en la puissance du vainqueur puisque par leur nature même, elles échappent à la main mise, à la saisie effective. Il fallait supposer avec quelque imagination, que la guerre tenait lieu d'une délégation faite par le créancier au souverain de l'état ennemi, mais comme il n'existe aucune relation logique entre l'état de guerre et ce consentement supposé, rien n'autorise à présumer une telle novation.

Grotius aussi avait soutenu la même opinion. Il déclarait « qu'il fallait rejeter ou du moins n'accepter qu'avec quelque restriction, la pensée de ceux qui soutiennent que les choses incorporelles ne s'acquièrent point par droit de guerre. Car on ne les acquiert pas premièrement et directement, mais par le moyen de la personne à qui elles appartenaient..., et la raison pourquoi tout cela a été établi par le droit des gens, c'est afin que l'espérance de tant d'avantages que l'on retirerait de la possession d'un esclave, engageât ceux qui étaient en guerre à s'abstenir volontiers de faire mourir sur le champ ou quelque temps après leurs prisonniers. » (L. 3 ch. V § 4 et 5.)

Calvo (1) cite à cette occasion, quelques cas curieux. En 1349, un Flamand ayant prêté mille couronnes à un Français, celui-ci en retarda le remboursement jusqu'au moment où la guerre éclata entre la Flandre et la France, à ce moment il versa le montant de sa dette dans le trésor de son pays. Après le rétablissement de la paix, le créancier réclama le paiement, le débiteur souleva une exception et fut condamné seulement à payer la partie qu'il reconnut avoir appliqué à son usage.

En 1495, beaucoup de paiements analogues furent faits pendant que la maison d'Anjou détenait le trône de Naples. Lorsque Ferdinand d'Aragon eût reconquis le royaume, la question de validité des paiements surgit et on invoqua l'opinion de Mathœus (de Afflictis) qui décida dans une longue consultation qu'étaient seuls libérés, ceux dont la dette était échue au moment du paiement, ceux auxquels aucun retard vis-à-vis de Ferdinand d'Aragon n'était imputable ou encore ceux qui avaient payé, contraints par l'ordre d'un magistrat auxquels ils n'avaient pu résister, à condition de faire la preuve qu'ils avaient véritablement compté les écus et ne s'étaient point libérés par arrangement ou transaction.

(1) Calvo Dr. Int. théor. et prat. T. 3 p. 211.

Aujourd'hui aucune contestation n'est plus possible, mais ici encore, le progrès s'est accompli sans le concours du droit des gens.

B. *L'Etat est débiteur.* — Il nous reste à examiner le cas où l'Etat ennemi est débiteur d'un sujet ennemi. Ce cas est général aujourd'hui, tout capitaliste a dans son portefeuille, des titre d'emprunts émis par les états étrangers. Serait-il donc permis à un gouvernement de compromettre la fortune des sujets de l'Etat auquel il fait la guerre? Blunstchli autorise cette mesure à titre de mesure de rétorsion seulement. Lorsqu'en 1753, la guerre éclata entre la Prusse et l'Angleterre, Frédéric II refusa de payer aux créanciers anglais la dette silésienne, parce que l'Angleterre avait à tort selon lui, déclaré de bonne prise des marchandises appartenant à des Prussiens et capturées par des corsaires anglais. Cette mesure souleva de vives protestations, un mémoire des avocats de la couronne d'Angleterre flétrit la conduite du roi de Prusse et invoqua contre lui l'usage constant et l'autorité d'auteurs « dont la vétusté faisait le principal mérite. » Le grand Frédéric, leur répondit avec quelque apparence de raison que le prétendu droit de prises maritimes est une injustice flagrante et que les mesures décrétées par lui, étaient de simples représailles « destinées à maintenir en équilibre la balance de la justice. »

Que ce procédé puisse être mis en usage à l'abri de tel ou tel prétexte, ou que le droit des gens l'interdise, il est douteux que de nos jours il soit employé. Martens qui le reconnait légitime, donne la véritable solution. « La puissance belligérante pourrait confisquer les sommes qu'elle doit à l'ennemi ou aux sujets de celui-ci,

Cependant ce moyen étant ruineux pour le crédit de l'Etat, on n'y a guère recours que dans les circonstances extraordinaires. » C'est donc l'intérêt politique plus encore que le souci du droit ou de la morale internationale qui conseille aux gouvernements d'agir avec loyauté.

L'Angleterre voulut en 1807, annuler les fractions de la dette publique, appartenant à des Français. Elle renonça heureusement à son projet. « Napoléon Ier pendant son séjour à Posen, imaginant que les Anglais avaient cette intention, ordonna à son ministre des finances, d'examiner si dans le cas où le cabinet de Londres agirait ainsi, il ne serait pas nécessaire de recourir à la même rigueur. « Le sujet est très délicat, dit-il, je ne veux pas donner l'alarme, mais si les Anglais le font, je dois exercer des représailles. » M. Mollien répondit qu'un tel acte était tellement contraire à la manière d'agir d'Albion, qu'il ne pouvait y croire ; qu'il désirait que le cabinet de Londres commit une pareille erreur, mais que les résultats en seraient d'autant plus désastreux pour les Anglais que leur conduite ne serait pas imitée.

A cette occasion il envoya à l'empereur le mémoire de Hamilton, l'ami, le conseiller et le ministre de Washington, sur la question de savoir si la règle politique plus même que la règle morale, ne défendait pas à tout gouvernement; non-seulement de confisquer les capitaux qui lui avaient été prêtés par les sujets d'une puissance avec laquelle il était en guerre, mais même de suspendre en ce qui concernait ces sujets, le paiement des intérêts. » (Vergé note sur Martens, p. 249 et suiv; — Calvo T. 3, p. 242.) Napoléon n'insista pas.

(Rev. des Deux Mondes 1856, le comte Mollien, par Michel Chevallier).

Les belligérants n'auront donc pas recours à ce moyen trop dangereux, on cherchera par d'autres procédés, à atteindre les sources du crédit de l'adversaire ; on prohibera par exemple tout commerce entre les sujets des deux nations. L'Allemagne alla plus loin en 1871, un banquier de Berlin qui avait fait souscrire à l'emprunt Morgan, fut traduit devant les tribunaux et puni.

CHAPITRE III

DU BOMBARDEMENT

SECTION. — Règles admises par les publicistes

Il est superflu de définir le bombardement : le mot explique suffisamment la chose ; nous ne devrions pas avoir à l'étudier car en principe la propriété privée doit être respectée par les belligérants. Cependant il n'en est pas ainsi dans la pratique et nous sommes obligés de consacrer quelques pages à l'étude de la réglementation proposée pour cet usage qui constitue un des modes les plus fréquents de destruction de la propriété privée.

« Détruire une ville par bombes et boulets rouges dit Burlamaqui, reproduit fidèlement par Vattel, est une extrémité à laquelle on ne se porte pas facilement. » « Mais elle est autorisée par le droit de la guerre lorsqu'on n'est pas en état de réduire autrement une place dont peut dépendre le succès de la guerre. » ajoute Vattel.

Aujourd'hui beaucoup de publicistes condamnent cet usage qui dit Pasquale Fiore n'est plus une arme de notre temps. Mais en général on ne conteste pas aux belligérants le droit de recourir au bombardement contre les forteresses et les autres lieux où s'est retranché l'ennemi ; toutefois des considérations d'humanité exigent que ce procédé de coercition soit entouré de tempéraments qui en restreignent autant que possible les effets à la force armée ennemie et à ses moyens de défense.

Les règles généralement proposées par les publicistes sont celles-ci : 1° On ne bombarde pas les villes ouvertes.

2° Il est obligatoire et indispensable pour l'assiégeant de notifier son intention de bombarder la ville assiégée.

3° Les ouvrages de défense seuls doivent être battus par le feu de l'ennemi (1).

§ 1. Villes ouvertes. — Le bombardement peut-être employé comme un moyen direct d'obtenir la reddition d'une forteresse ou d'une place fortifiée ou comme un moyen auxiliaire du blocus et des opérations du siège. Il ne doit pas être employé comme un moyen d'attaque contre les villes, agglomérations d'habitants ou localités qui ne sont ni défendues ni fortifiées.

Il est nécessaire d'indiquer ce qu'on entend par l'expression : ville ouverte. Il faudrait dire plus exactement ville non défendue car de même qu'une place forte qui ouvre ses portes ne peut être bombardée, de même une ville ouverte qui se défend en élevant des barricades ou autrement peut l'être. On s'est demandé aussi si une ville ouverte mais pouvant être protégé par le feu d'un fort voisin est exposé à être canonnée et on se prononce généralement pour l'affirmative à moins cependant dirons-nous que nul obstacle ne s'oppose à l'occupation de la ville; il serait odieux en effet de ca-

(1) Manuel d'Oxford art. 33 et s.

nonner une ville pour empêcher un fort voisin de résister.

L'Institut de Droit International s'est occupé dans sa session de Venise (1896) du bombardement des villes ouvertes par les forces maritimes et à ce propos il a été amené à définir le sens de cette expression. Par ville ouverte, l'Institut entend toute ville qui n'est pas défendue « par des fortifications ou d'autres moyens d'attaque ou de résistance pour la défense immédiate, ou par des forts détachés situés à sa proximité, par exemple à la distance maxima de 4 à 10 kilomètres. — Le bombardement sera cependant autorisé : 1° Aux fins d'obtenir par voie de contributions ou de réquisitions ce qui est nécessaire pour la flotte ; 2° — aux fins de détruire des chantiers, des établisements militaires, des dépôts de munitions de guerre ou des vaisseaux de guerre se trouvant dans un port. En outre une ville ouverte qui se défend contre l'entrée de troupes ou de marins débarqués peut être bombardée aux fins de protéger le débarquement ou de préparer l'assaut donné par les troupes débarquées. — Les bombardements dont l'objet est seulement d'exiger une rançon et à plus forte raison d'amener la soumission du pays par la destruction non autrement motivé des propriétés sont interdits.

§ 2. — Notification du bombardement. — Le droit des gens n'impose pas l'obligation stricte de faire précéder d'une notification le bombardement d'une place assiégée. Tous les Manuels emploient à cet égard des expressions larges. Bluntschli (t. 551) reconnait que c'est un usage et d'un avis unanime il faut des motifs d'une gravité particulière pour être autorisé à négliger ce devoir d'humanité. Les manuels de Bruxelles et d'Oxford s'expriment ainsi : « Le commandant des troupes assaillantes doit, sauf le cas d'attaque de vive force, faire avant d'entreprendre un bombardement, tout ce qui dépend de lui pour en avertir les autorités locales (art. 33). »

Cet article fait sans doute allusion au cas où l'ennemi se propose d'enlever la place par surprise ou veut accroître, par une canonnade inopinée la démoralisation des assiégés. Mais il est permis de se demander quelle sera l'efficacité pratique de cette dénonciation. Elle sera faite en apparence dans un but d'humanité pour appeler l'attention des non-combattants sur le danger auquel ils sont exposés, et le seul moyen pour eux d'échapper aux conséquences du bombardement sera de quitter la ville. Mais si la population de la ville est réduite à ses seuls défenseurs, l'assiégeant ne pourra plus compter sur la pression morale — et immorale — que peut exercer la population civile sur le gouverneur militaire, en vue de l'obliger à cesser une résistance trop pénible à soutenir.

En outre l'assaillant fournira ainsi à l'assiégé les moyens de faire durer le siège, puisqu'il n'existera plus de bouches inutiles dans l'intérieur de la place. Ainsi il est bien entendu que l'assiégeant n'est pas obligé de laisser sortir la population non-combattante, et il ne le tolérera certainement pas. Dès lors quel est l'avantage pratique de cette dénonciation ?

Disons, dans une courte parenthèse, que l'assiégé est obligé de laisser rentrer dans la ville, la population civile à laquelle l'assiégeant a refusé le passage. « Les opérations militaires dit Bluntschli (art. 553) ne peuvent jamais autoriser un chef à abandonner des gens sans défense entre deux armées et à les y écraser comme entre deux meules de moulin. » J'ai lu quelque part que semblable accident avait failli arriver pendant une guerre civile espagnole, mais que la solution fut heureusement fournie par une armée qui survint fort à propos pour obliger l'ennemi à lever le siège. En France pour permettre aux villes fortes de résister plus longtemps, et pour éviter à la population de terribles souffrances, on a préparé tout un système d'évacuation. La menace d'un investissement serait le signal d'un exode organisé et ordonné par l'autorité militaire qui a déjà indiqué les villes devant recevoir les victimes de cette mobilisation à rebours.

§ 3. Du respect de la propriété privée. — La troisième règle que nous avons posée dit que l'assiégeant doit uniquement s'attaquer aux ouvrages de défense. « Toutes les meilleures dispositions seront prises pour diriger l'attaque sur les points fortifiés et autant que le permettront les circonstances particulières et les exigences des opérations de guerre, épargner les propriétés privées. » (Pasquale Fiore Dr. I. cod. art. 1019). En aucun cas, les édifices consacrés à la charité qui doivent être désignés par un signe extérieur, ne pourront être détruits par les canons ennemis. Les publicistes sont encore d'accord sur un point : la prohibition de l'envoi de projectiles explosibles, d'obus incendiaires sur les habitations occupés par les particuliers et sur les bâtiments occupées par le commerce ou l'industrie.

La doctrine réprouve encore comme un moyen d'attaque déloyal, le bombardement d'une ville même fermée et défendue lorsqu'il aura pour but unique de saccager et d'épouvanter et non pour objet immédiat de forcer l'ennemi à se rendre.

Pour le même motif on interdit tout bombardement

d'une place dont la situation stratégique serait peu importante et dont la résistance ne pourrait pas nuire au succès des opérations de guerre. Il peut arriver en effet, qu'un belligérant prenne prétexte d'une mise en état de défense hâtive pour détruire une ville dont il aurait pu négliger la résistance, dans le seul but de terroriser par cet exemple les habitants du territoire envahi et paralyser par cette exécution leur résistance patriotique.

Le bombardement est donc aux yeux des publicistes un usage de guerre qui ne doit nuire autant que le permettent les hasards de la lutte qu'aux choses destinées à la guerre. Mais ces vues n'ont jamais été absolument partagées par les militaires, et voici comment s'exprime à ce sujet le Manuel de droit international à l'usage des officiers de notre armée.

« Le bombardement est en général dirigé contre les remparts et autres travaux de défense ; il est alors destiné uniquement à détruire ces ouvrages, à les rendre intenable et à faciliter l'assaut. » Mais le bombardement n'est pas seulement un préliminaire de l'assaut, il peut être aussi dirigé sur l'intérieur de la ville sur les quartiers habités par la population civile. « Si rigoureuse qu'elle soit cette faculté est laissée à l'assiégeant par les usages actuels de la guerre. De tout temps les publicistes ont lutté pour obtenir que les belligérants se fissent, en cas de bombardement, une obligation de porter exclusivement le feu sur les ouvrages de défense ; ils ont fait ressortir ce qu'il y a d'immoral et d'inhumain à jeter la mort et la ruine au sein d'une population inoffensive, ils ont cité maints exemples pour démontrer que l'effet produit par de pareils procédés n'est pas celui que l'on en attendait, que loin d'en être abattue, la constance des habitants est relevée par le sentiment du péril. Les gens de guerre ne se sont pas laissés convaincre; ils estiment qu'en s'enfermant dans une place assiégée, la population civile concourt à la défense et que par l'incendie, la ruine, l'effroi, on peut réussir à la démoraliser et à s'en faire un auxiliaire inconscient pour hâter la capitulation. » (Man. Off., p. 22.)

On ne saurait exprimer en termes plus sobres et plus précis, l'antinomie existant entre la théorie et la pratique du bombardement.

SECTION II. — La théorie et la pratique

L'histoire nous fournit un exemple mémorable d'une parfaite observation des lois réclamées par les publicistes. Pendant le siège de Sébastopol, le tir des batteries des armées alliées, fut exclusivement dirigé sur les remparts, pas un obus égaré ne tomba sur la ville et cependant les souffrances que le climat faisait endurer à nos soldats auraient pu excuser quelques mouvements d'impatience.

Le siège fut long, mais les lois de la guerre, qui n'étaient pas encore écrites, furent rigoureusement observées.

Depuis nous avons vu ces règles systématiquement violées, ou plutôt une théorie absolument contraire à celle que nous avons exposée, a été admise par les gens de guerre. Cette règle peut chercher à se justifier ainsi : Le bombardement est sans contredit un mode absolument exceptionnel; « il heurte de front les principes les plus universellement acceptés du droit des gens, à savoir : il ne faut pas attaquer ceux qui ne peuvent se défendre, et il ne faut pas causer plus de mal qu'il n'est nécessaire pour réduire l'adversaire à sa discrétion. » (1)

Dès lors puisque l'emploi même de ce procédé viole le droit, puisqu'il est en dehors du droit, ne cherchons pas à l'embarrasser de règles étroites et appliquons à ce cas exceptionnel des règles exceptionnelles.

Ainsi l'on a décidé qu'il ne fallait pas bombarder les villes ouvertes. Mais cependant il peut arriver qu'une ville soit protégée par des forts commandant les routes qui y conduisent. Ne pourrai-je pas en menaçant la ville obliger les forts à se rendre? Ecoutons M. Dahn (2): d'après les lois de la guerre on peut bombarder une ville dépendante d'une forteresse, uniquement dans le but de pousser la population à demander ou à exiger que la garnison se rende. On parle de pression immorale, mais c'est une raison de sentiment; en guerre il faut laisser de côté toute sentimentalité.

« La guerre et l'organisation militaire ont toujours dépendu, ajoute Von der Goltz, de certaines théories, de certaines idées sur le droit et même de certains préjugés de l'époque. Le principe si simple d'après lequel on fait la guerre aujourd'hui et qui veut qu'en cas de besoin toutes les idées de droit qui ont eu cours en temps de paix soient ignorées, » ce principe n'était pas admis dans les périodes précédentes et l'emploi de la force n'était pratiqué qu'avec des formes bien définies. Il n'en est plus ainsi aujourd'hui, en guerre il ne doit avoir ni sentiment ni droit et quels ne seront pas les résultats obtenus?— Quelques maisons détruites et la vie de toute

(1) Pillet, Dr. de la guerre. p. 169.
(2) Rev. Dr., I, 1872, p. 312-313.

une garnison épargnée ; sans coup férir donc, le succès ; un rapide triomphe obtenu sans qu'il en coûte rien, — ou si peu, — à l'une ou l'autre nation. Mais on ira même plus loin et toujours au nom de l'intérêt de la conduite des opérations on dira : Parce qu'une ville est protégée par quelques centaines d'hommes renfermés dans un fort, j'ai le droit de la bombarder. Mais il est d'autres ressources en temps de guerre aussi importantes que les combattants eux-mêmes. Il existe des villes, des ports de commerce notamment qui renferment dans leurs immenses entrepôts, des céréales, des draps, du cuir, du vin, toutes denrées ou marchandises dont l'usage permettra de prolonger la durée de la guerre. Si ce port n'est pas défendu, il est certain que l'ennemi pourra l'occuper, le détruire ou s'emparer des richesses qu'il contient, mais il n'a peut-être pas à sa disposition des troupes suffisamment nombreuses et il procédera alors à distance, sans aucun danger pour lui au bombardement de la ville. L'immense avantage résultant pour l'assaillant de l'emploi de ce procédé en autorise l'application, aussi, en 1882, les Anglais n'hésitèrent pas à bombarder Alexandrie, ville ouverte.

Le bombardement des villes ouvertes du littoral par les forces navales ennemies, a souvent été préconisé comme mode d'action précieux et licite dans les guerres maritimes.

Le prince de Joinville, en 1844, l'amiral Aube, en 1882, ont soutenu cette manière de voir, et l'Angleterre l'a adoptée dans la rédaction du thème des grandes manœuvres navales de 1888. Pour obtenir une rançon de Liverpool, la flotte ennemie menaçait des situations balnéaires comme Folkestone. L'amiral de Gama ; au cours de la guerre civile qui a suivi la révolution brésilienne, menaça Rio de Janeiro. Il émettait l'avis de bombarder la ville sans avis préalable même. Dans une lettre qu'il adressait à la Conférence des amiraux étrangers il demandait l'autorisation d'agir de la sorte. On lui répondit que les commandants des navires européens n'accepteraient le bombardement que s'il était dénoncé 48 heures avant l'ouverture du feu, conformément aux usages.

Ces théories et ces tendances inquiétèrent l'Institut de droit International qui dans sa session de Venise (1896) s'est préoccupé de cette question. Contrairement à l'avis de ceux qui veulent atteindre de toute façon les richesses de l'ennemi estimant que diminuer les ressources dont il peut disposer est contribuer aux succès de la guerre, l'Institut a admis que les mêmes règles étaient applicables au bombardement des ports ouverts par les forces navales et au bombardement des villes ouvertes par les troupes de terres. Ces prescriptions empêcheraient-elles dans l'avenir la destruction des villes du littoral ? On en peut douter, naguère l'Europe apprenait que l'escadre grecque lasse de son inaction allait bombarder Salonique ; la présence des cuirassés européens à empêché cet acte de guerre. Mais si les circonstances de la lutte eussent été différentes, l'Europe eut-elle mobilisé une flotte pour s'opposer à une opération analogue?

Nous avons déjà dit que la notification n'avait pas une bien grande importance, on reconnait assez volontiers à l'assiégeant le droit de la négliger. Nous allons voir maintenant quel a été le sort de la troisième règle posée et si le bombardement doit porter exclusivement sur les ouvrages de défense.

D'après notre manuel de droit International à l'usage

des officiers, il est légitime de bombarder l'intérieur d'une ville. Il n'a pas suffi aux Allemands de tolérer cet usage, on en a fait une loi qui se trouve donc en opposition formelle avec celles que les publicistes ont proposée.

Pour obtenir la reddition de la place au lieu de chercher à rendre la position intenable aux défenseurs en battant les remparts, on essaiera de la rendre intenable à la population civile en incendiant les maisons à l'aide d'obus. On espère nous l'avons déjà dit que les notables useront de leur influence sur le gouverneur de la place pour amener celui-ci à capituler. Mais les lois privées ont prévu cette lâcheté, et le Code pénal militaire espagnol dit dans son article 95 : 3°. « Sera puni de mort... celui qui dans une place assiégée ou bloquée formerait un complot ou ferait de la propagande pour obliger le commandant à se rendre ou à capituler. » (1).

Cet article se trouve au livre II du titre II sous la rubrique : délits contre le droit des gens.

Ainsi le bombardement sera de toute façon surtout nuisible à l'habitant paisible. S'il le subit sans protester il rencontrera la ruine et peut être la mort ; s'il proteste il sera puni par justice de son pays.

Cette théorie en si complète opposition avec celle que nous avons en premier lieu exposée, a été adoptée par la pratique allemande, et nous pouvons citer notamment le bombardement de la petite ville de La Fère:

« Cette malheureuse ville écrivait le 7 novembre le capitaine Planche commandant supérieur de la défense, à été écrasée sous une pluie de bombes et d'obus; une grande partie a été incendiée, les approvisionnements consumés etc. »

(1) Ann. de D. In. 1875. p. 293.

« L'intimidation disait M. de Chaudordy dans sa circulaire du 29 novembre est devenue un moyen de guerre ; on a voulu frapper les populations et paralyser en elles tout élan patriotique. C'est ce procédé qui a conduit les états-majors prussiens à établir un usage unique dans l'histoire, le bombardement des villes ouvertes ».

Le général Faidherbe a flétri lui aussi, dans une lettre célèbre la conduite des Prussiens. « Les Prussiens dans la pratique du bombardement comme en bien d'autres choses ont rompu avec le passé. Ils n'assiègent plus les fortifications, ils bombardent les villes. Moi, je les accuse de manquer aux usages, aux ménagements pour les populations que les peuples civilisés gardaient dans leurs guerres, à une convention tacite si elle n'est pas écrite. C'est donc leur loyauté que j'incrimine, car remarquez que si vous les accusiez d'inhumanité, ils vous répondraient que c'est, au contraire, par humanité qu'ils agissent ainsi. Voyez Péronne, sa prise leur a coûté quelques hommes, mettez si voulez quelques centaines d'hommes et à nous, une dizaine de militaires et autant de civils tués ou blessés. Or, savez-vous ce qu'eut coûté un siège régulier de la ville de Péronne bien défendue ? Mille à quinze cents hommes aux assiégés et trois ou quatre mille aux assiégeants. Comparez ! »

Eh ! bien mais, dit M. Rolin-Jacquemyns, à qui nous empruntons cette citation (1), il me semble que cette lettre est la meilleure démonstration de la vérité du système qu'elle combat. » Il est vrai que s'attaquer aux inoffensifs et négliger les combattants, c'est placer le gouverneur militaire dans cette dure alternative de se rendre

(1) Revue dr. I, 1871. — Chron. de la guerre fr. all.

sans combat ou de vouer aux souffrances et à la ruine des gens *qui n'ont pas même le droit de se défendre*! Mais le savant internationaliste voit là une simple question de « discipline intérieure » indigne de son attention.

Il ne veut pas se préoccuper de savoir s'il est loyal de placer un gouverneur militaire entre son devoir de soldat et son devoir d'homme; il est vrai que pour ce droit des gens nouveau toutes les considérations tirées de l'honneur, de la dignité, de la pitié, sont de peu de poids; le résultat justifie tout. Aussi est-il bon de mettre en relief le désaccord complet existant ici entre la théorie et la pratique, de montrer qu'on a érigé en droit ce qui n'est que la mise en œuvre de la force. Suivant le mot de Pascal, ne pouvant faire que le juste soit le fort on a décidé que le fort serait le juste, et il s'est trouvé des publicistes pour accepter et propager une pareille doctrine.

Les règles proposées par les théoriciens, ont été depuis longtemps acceptées par ce qu'on est convenu d'appeler, la conscience générale des peuples civilisés. Elles étaient ainsi paraphrasées par le roi Guillaume au début de la campagne de France. « Je fais la guerre aux soldats, mais non aux citoyens français, ceux-ci continueront à jouir d'une entière sécurité pour leurs personnes et pour leurs biens, aussi longtemps qu'il ne me priveront pas eux-mêmes du droit de leur accorder ma protection ».

« C'est le devoir, avait-il dit déjà à la date du 8 août, de tout soldat sensible à l'honneur de protéger la propriété privée, et de ne pas laisser compromettre même par des exemples isolés d'indiscipline la bonne réputation de notre armée. »

« Nous considérons disait le général de Reyer dans une proclamation aux habitants de l'Alsace, comme un bienfait pour la civilisation, l'humanité et la religion, toute vie humaine, toute propriété qu'il nous sera permis d'épargner.

« Montrez, disait le général Steinmetz à ses soldats, que vous êtes dignes d'appartenir à un peuple qui répond à la civilisation de notre siècle, par une conduite polie et honnête, par la modération et le respect de la propriété privée chez l'ami comme chez l'ennemi ; chacun de vous représente l'honneur de la patrie entière. (18 août 1870).

A cette époque on le voit, les proclamations juridiques succédaient aux protestations généreuses.

Le résultat est connu. Tous les auteurs qui ont eu à parler de cette guerre en ont flétri les horreurs et les violations systématiques du droit des gens. Souvent après un investissement de quinze jours, on ouvrait le feu sur une ville sans avertissement préalable. » (Circ. de Chaudordy). Le maréchal de Moltke dans ses Mémoires, (Tome I de la trad. p. 164) dit que l'on ne se résigna à entreprendre le siège régulier de la place de Strasbourg que lorsqu'on se fut convaincu que par le bombardement on n'arriverait pas à la réduire. La ville fut en effet bombardée du 15 août au 28 septembre, et le compte-rendu des opérations du siège présenté au grand était major allemand nous apprend que la première parallèle ne fut ouverte que dans la nuit du 29 au 30 août après 15 jours consécutifs de bombardement.

On sait les dégâts horribles qui en résultèrent. « Je sais bien disait le général de Werder que le bombardement ne me donnera pas vos remparts, mais c'est aux habitants à forcer le gouverneur à capituler. » Ces paroles furent favorablement appréciées par M. Rolin Jacquemyns qui s'écrie : « Comment qualifier de contraire au droit des gens un procédé qui aboutit à chiffrer les pertes par milliers, ou bien est-ce que les pierres des maisons auraient plus de valeur que la vie des hommes ? »

Paris subit le même sort que Strasbourg. Les obus tombaient sur les maisons, sur les hôpitaux indistinctement. Le bombardement dura 22 jours. Il va sans dire qu'aucune notification n'avait été faite et aucune excuse ne peut être invoquée pour justifier une pareille omission.

« Est-ce que dit M. Harrison, ce n'est pas là un procédé inouï et contraire au droit international si l'on considère l'immense distance entre l'intérieur de la cité et les fortifications, et le fait que les armées sont maintenant abritées et nourries non par le centre de la cité, mais par l'enceinte et ses environs « la cité » se composant à tous égards d'une population civile que l'espace, l'organisation et l'action distinguent parfaitement de l'armée active et de la défense ? »

Les Allemands avaient essayé de se justifier en prétendant que la seule cause des dégâts commis était la maladresse des artilleurs. Mais cette explication ne saurait être admise quand il s'agit de pointeurs assez habiles pour atteindre la croix de la cathédrale de Strasbourg.

Au reste, dit Morin (T. II p. 216), les obus cesssèrent de tomber sur l'hôpital du Val-de-Grâce dont le dôme est facilement reconnaissable dès que Trochu eût prévenu les Allemands qu'il allait y faire porter les bléssés de cette nationalité.

D'ailleurs, il n'est besoin d'invoquer aucune excuse ; la conduite des Allemands est justifiée par les théories qu'ils acceptent. Nous avons déjà fait allusion à cette double manière de faire la guerre que distinguent Kluber et Heffter : La façon ordinaire et la façon extraordinaire. La façon ordinaire est celle que réclamait le général Faidherbe, c'est la conduite loyale et humaine des opérations de guerre. La façon extraordinaire ne connaît aucune restriction, aucune limite, c'est celle que pressent la déclaration de Bruxelles et que le nouveau droit des gens légitimera, pour ne pas compromettre son autorité par une condamnation, dont il ne serait pas tenu compte. C'est la liberté absolue des belligérants, l'emploi de tous les moyens de nuire à l'ennemi, sans aucune réserve, c'est l'identification du droit et de la force.

Et voici comment les militaires expriment les règles nouvelles du bombardement : « En cas de bombardement les batteries de l'assiégeant s'établissent de façon à éviter d'entrer en lutte avec l'artillerie de la défense. L'assaillant s'attache à inquiéter partout à la fois son adversaire. Quelques pièces concentrent le feu sur les principaux édifices et tirent sans relâche sur les points où se déclarent des incendies afin d'éloigner tout secours. On fait cesser le feu de temps en temps afin de ménager les munitions et de laisser aux habitants le temps d'exercer quelque pression sur l'esprit du gouverneur. A chaque reprise on accroît l'intensité du bombardement afin de proportionner l'importance du dégât à la durée de la résistance. La nuit quelques batteries mobiles inquiètent encore les défenseurs par un redoublement de feux destinés à ébranler leur moral » (Colonel Hennebert, De l'artillerie). Il faut franchement reconnaître ajoute M. Pradier-Fodéré qui cite ce passage intéressant (p. 1040) que les pratiques de la guerre ont reculé sur ce point vers la barbarie.

Ainsi donc, toutes les règles acceptées par le droit des gens, ont été battues en brèche, la nécessité de vaincre, impose souvent aux belligérants, l'obligation de les négliger. « La permission accordée aux enfants, aux femmes et aux vieillards, de quitter une ville fortifiée avant de la mettre en état de blocus, l'avertissement en cas de bombardement, le ravitaillement pendant les armistices étaient devenus des règles du droit des gens en temps de guerre. On les attribuait au progrès des mœurs et de la civilisation, avant la guerre de 1870, les auteurs européens les inscrivaient parmi les obligations internationales; depuis les auteurs allemands les ont rayées du droit de la guerre. » La septième édition du droit des gens européen de Heffter, ne contient plus l'obligation de l'avertissement préalable.

N'osant plus exposer à l'assaut, des soldats mal aguerris, « on bombarde les habitants inoffensifs afin qu'ils obligent la garnison à se rendre. Et on ne laisse sortir, ni femmes, ni enfants, ni vieillards, en vue du moment psychologique où toute subsistance se trouvera consommée par la masse. Les nécessités de la guerre sont implacables; les considérations d'humanité, les règles, les coutumes que l'on croyait les mieux établies disparaissent devant elles pour faire place à d'autres plus sauvages, plus cruelles en apparence. Les hommes ne sont point devenus plus méchants, la civilisation ne s'est point dégradée, mais les progrès dans la constitution des armées et leur armement ont entraîné des conséquences, qui rendraient les guerres d'autant plus longues et plus douloureuses, qu'on respecterait davantage des principes humanitaires, dont l'application

était aisée, alors que les armées étaient moins nombreuses, les armes moins dangereuses et qu'il existait des soldats de profession. » (1)

Pendant la guerre de Madagascar, la France observa les règles du droit des gens; trois villes ont été bombardées, Tamatave, Majunga et Tananarive.

Les deux premières opérations furent l'œuvre de la flotte, la dernière de l'armée commandée par le général Duchêne. Le commandant Bienaimé, ne crut pas devoir se soustraire aux règles les plus modérées du droit de la guerre, bien qu'il n'eût devant lui que des rebelles. Il concentra le feu sur le fort qui protégeait Tamatave; dans la ville, aucune maison ne fut brûlée et la vie des habitants ne fut point en danger; à Majunga il fit également précéder d'un ultimatum le commencement des opérations.

Le général Duchêne ne donna pas d'avis préalable au bombardement, mais il n'y était pas obligé; nous nous trouvons ici en présence d'une attaque de vive force (art. 16 du projet de Bruxelles, 33 O.) Le feu ne fut pas dirigé sur les remparts, on le concentra sur le Palais de la reine et sur celui du premier ministre. Cette conduite est toute naturelle, on ne pouvait songer à ruiner des ouvrages de défense dont on allait avoir besoin peut-être et en outre les moyens employés étaient les plus propres à amener la soumission des Hovas. La capitulation fut demandée au moment où les Français se préparaient à donner l'assaut. (2)

Le bombardement de Zanzibar s'est effectué dans les

(1) Revue génér. D. I. P. Funck-Brentano 1894, p. 323.
(2) Rev. génér. D. I. P. 1896, p. 61-63.

mêmes conditions régulières. A la mort du sultan Hamid-Seyid, un de ses cousins, Saïd-Khaled usurpa le trône et refusa de céder aux injonctions du représentant du gouvernement anglais. Un ultimatum fut remis au Sultan usurpateur, lui intimant l'ordre d'avoir à baisser le pavillon arboré sur le palais impérial, avant le lendemain neuf heures du matin; un deuxième ultimatum fut transmis à sept heures et demie du matin. Saïd-Khaled ne céda point, à neuf heures précises, le vaisseau amiral donna le signal du bombardement, à neuf heures quarante les troupes britanniques entraient dans le palais. (1)

La guerre sino-japonaise nous fournit un exemple de bombardement; la ville de Kinchou fut bombardée par les troupes japonaises, le 6 novembre 1874. Le bombardement commença sans avis préalable, les feux furent dirigés sur l'intérieur de la place. Au signal des premiers coups de canon, l'assaut fut donné de deux côtés à la fois; non précédé d'un siège le bombardement commença en même temps que l'attaque; nous sommes donc encore en présence d'une action immédiate, ou attaque de vive force, pour lequel l'avertissement préalable n'est point requis par les lois de la guerre.

(1) Rev. génér. D. I. P. 1896, p. 607.

CHAPITRE V

DES RÉQUISITIONS

GÉNÉRALITÉS. — Le respect de la propriété privée est subordonné toujours, aux nécessités de la lutte. Il n'exclut pas, par exemple, le droit pour l'envahisseur d'assurer le respect de ses prescriptions par des amendes et l'entretien de ses troupes par des emprunts forcés aux ressources du pays occupé.

Ces emprunts forcés se réalisent sous deux formes : la réquisition et la contribution.

Les publicistes disent suivant la tendance de leur esprit que la réquisition méconnait ou consacre le principe de l'inviolabilité de la propriété privée. Autrefois dit-on le pillage était permis, tout ce que l'ennemi pouvait faire tomber en sa possession, il en acquérait la propriété par droit de guerre. Aujourd'hui ce droit a été formellement reconnu par les Etats, mais des conditions de forme ont été imposées ; si l'on a la précaution de s'y soumettre on ne pourra encourir le reproche d'avoir employé des pratiques illégales.

Le droit de pillage disent les autres a été formellement interdit ; la propriété privée a été reconnue inviolable, aussi toute exception à ce principe a-t-elle été entourée de garanties sérieuses. La théorie des réquisitions n'est pas une extension des droits autrefois reconnus à l'occupant, elle en marque au contraire la réduction certaine. La pratique du pillage est définitivement condamnée elle a été remplacée par un impôt de guerre dont le montant est déterminé d'après les besoins de l'armée et dont la perception est réglementée.

Les réquisitions sont de deux sortes : en nature et en argent. Les réquisitions en nature ont pour objet de fournir directement les matières mêmes dont l'armée est privée ; les réquisitions en argent sont destinées à permettre à l'envahisseur de se procurer ces mêmes choses par l'achat, on les appelle plus volontiers les contributions. Nous allons étudier en premier lieu le fondement et la limite du droit de réquisition ; l'objet du droit de réquisition et les formalités préalables à l'exercice des réquisitions en nature ; l'obligation de délivrer un reçu ; les réquisitions en argent ; en appendice l'influence de la neutralité sur le droit de réquisitions ; les droits d'angarie et de préemption.

SECTION I. — Réquisitions en nature

§ I. Fondement du droit de réquisition. — Ce mode de services et l'expression qui le désigne furent imaginés par Washington pendant la guerre de l'Indépendance américaine. « On entend par réquisition, dit de Garden, les demandes d'objets détaillées faites dans la forme d'invitation, mais poursuivies par la force si elle devient nécessaire pour les obtenir. »

Par le mot de réquisition dit encore le Manuel de Droit International à l'usage des officiers, on désigne

« soit les actes de contrainte par lesquels l'occupant obtient des populations ce qui lui est nécessaire, soit même les choses ainsi obtenues. »

C'est sans aucune discussion que les anteurs reconnaissent que « l'ennemi vainqueur pourra requérir les prestations en nature ou personnelles et au besoin employer la force pour se mettre en possession des objets requis. » (Heffter § 131). Les divers Codes et Manuels posent ce droit sans le justifier autrement que par l'usage et l'utilité.

Les théoriciens font valoir deux raisons : l'Etat envahisseur disent-ils est subrogé à tous les droits de l'Etat envahi, il possède une souveraineté temporaire sur le territoire occupé il est donc juste qu'il exerce les droits de l'Etat envahi. D'autre part les troupes d'occupation ne peuvent être condamnées à une perte certaine par suite du défaut de vivres, elles ne peuvent pas être condamnées au froid par suite de l'insuffisance de logements, il est donc naturel que l'on ait recours à la population civile qui possède des logements et des vivres sans qu'il y ait lieu de faire revivre cet odieux dicton : la guerre doit nourrir la guerre qui révèle la barbarie des âges passés.

Il faudrait tout d'abord déterminer pourquoi l'envahisseur est substitué aux droits de l'Etat envahi. On conçoit qu'il aurait pu en être ainsi si le consentement réciproque des nations l'avait établi. Mais où dans le droit actuel de la guerre que l'on a voulu débarrasser de toute idée générale, dont on a voulu faire un simple recueil de décisions applicables à un certain nombre de cas particuliers, où trouvera-t-on de quoi justifier ces prémisses?

Pour nous, il n'y a point de théorie de la guerre, la

guerre est un fait, c'est un ensemble d'actes de violences; l'occupation est également un fait, partout où le gouvernement envahisseur peut empêcher son adversaire d'exercer son autorité, il le fait. Mais pour cela peut-il dire qu'il remplacera le gouvernement légitime? Il en tient la place, soit · mais il ne le représente pas.

« L'envahisseur n'a aucun droit sur le territoire envahi; le pouvoir qu'il y exerce n'a d'autre fondement que la force dont il dispose. Ce pouvoir existe partout où cette force se manifeste; il est nul partout où cette force ne se manifeste pas (1) ».

Au reste le droit de réquisition est tellement injustifiable autrement que par le droit de nécessité que les publicistes expliquent difficilement son origine. Pour la majorité des auteurs, (2) le droit de réquisition constitue une infraction au principe d'inviolabilité de la propriété privée; pour M. Vidari, au contraire, ce n'est pas une violation du principe posé parce que le droit de réquisition est uniquement : « la conséquence de ce que par le fait de la guerre, une souveraineté se substitue à l'autre et assure bien que provisoirement et de fait seulement l'exercice des droits souverains. »

Avec les effectifs considérables employés dans les guerres modernes, l'organisation administrative militaire est nécessairement insuffisante; il est impossible d'assurer la subsistance des troupes, le cantonnement, l'évacuation des blessés, aussi est-on obligé de s'assurer — au besoin par la force — le concours des populations envahies.

(1) Funck. Brentano et Sorel, Precis p. 275.

(2) Morin T· 1. p. 386; Calvo T. 3 p. 223; Blunstchi 55 653; Funck-Brentano et Sorel p. 250 ex.

Les réquisitions pourraient être remplacées par des achats fait directement par les troupes aux particuliers. Les Allemands avaient en 1870, reconnu la supériroté de ce procédé. Aussi le 4 novembre 1870, le général de Manteuffel prescrivait-il à ses troupes, de ne point entreprendre de réquisitions de vivres, mais d'acheter toutes les denrées nécessaires (Rev. milit. de l'étranger 1872, p. 277.) Le prince Frédéric-Charles, de son côté, ordonnait aux commandants sous ses ordres, de garnir leur caisse de guerre. L'intendance devait faire afficher dans les communes que l'on traversait, les prix payés pour les diverses denrées acquises. « On prévint en même temps les habitants, que le système de réquisitions serait appliqué d'après les lois de la guerre, s'ils ne livraient pas leurs denrées aux prix indiqués et l'on s'adressa aux autorités, pour que dans l'intérêt du pays les vendeurs se présentassent de bonne volonté » (Rev. milit. de l'étranger 1874, p. 64.) Ces mesures donnèrent les résultats les plus favorables.

Pour donner un frappant exemple de la supériorité de ce procédé, citons les paroles du général Von der Goltz. « Quand à la fin du mois de novembre 1870, la deuxième armée allemande organisa des marchés dans la Beauce, au nord d'Orléans, « où les réquisitions ne donnaient plus rien » les hauts prix offerts provoquèrent l'envie de vendre. On vit soudain que ce n'étaient pas les provisions qui manquaient, mais les sacs pour les y mettre. C'est dans des rideaux cousus ensemble, dans des housses de meubles, des draps de lit, dans des caisses et des paniers, que les paysans apportaient l'avoine dont l'armée avait besoin et finalement l'offre fut si forte qu'il en résulta une baisse de prix. » (1)

Il est juste de faire remarquer que ces achats étaient soldés avec l'argent provenant des contributions, levées sur le pays même. Il semble dès lors que les réquisitions en nature, pourraient être interdites, mais l'ennemi peut avoir besoin d'y recourir, soit par suite de la pénurie d'argent comptant dans ses caisses, soit en raison du refus patriotique des populations, de livrer les marchandises qu'on leur demande, soit encore parce que les habitants du pays envahi, ne voudraient pas se voir appliquer les dispositions pénales édictées contre ceux qui font commerce avec l'ennemi.

Si les réquisitions payées étaient universellement mises en pratique, on pourrait dire que le droit de réquisition est un cas particulier d'expropriation. Mais nous verrons bientôt comment en fait et en droit, le principe est détruit par ses applications.

Tous les auteurs de Wattel à Neumann; les généraux Bronsart de Schellendorf, Clausewitz, Lewal; les intendants Baratier, Cretin, contrôleur Peyrolles, à leur cours admettent le droit de réquisition ; la Cour de cassation française en reconnait aussi subsidiairement la légitimité dans deux arrêts des 13 mai 1873 et 23 février 1875 (S. 73 I. 311 ; 75 I. 267.)

Le droit des gens accorde à l'armée envahissante, le droit de s'approvisionner sur le pays occupé, au moyen de réquisitions, de denrées ou d'autres objets nécessaires à l'entretien et au service des troupes. Elles ont d'ailleurs été employées dans toutes les guerres récentes

(1) Von der Goltz. La nation armée. Trad. Jœglé, p. 437.

et cela dit-on, pour la sauvegarde des intérêts de l'envahi comme de l'envahisseur. Parce que si le soldat manquait du nécessaire, il le prendrait et redeviendrait « ce loup vorace et lubrique, qui n'a jamais été complètement apprivoisé. » (Bluntschli)

« La réquisition dit le général Lewal (1) est dans l'intérêt de l'armée dont elle assure la subsistance, des populations qui ne sont pas violentées, et de la discipline qui reste intacte. En régularisant, réglementant, codifiant la réquisition on la rend à la fois tolérable et avantageuse. Rationnellement faite, elle trouve sa justification aux yeux des populations, par la nécessité de satisfaire aux besoins de l'armée et de leur éviter des froissements, le désordre, le gaspillage... Les habitants perdent beaucoup sans doute, ils sont gênés, mais les excès leur sont épargnés et c'est beaucoup. »

§ 2. Limites du Droit de réquisition. — Le droit de réquisition est infiniment dangereux, aussi pourrait-on penser que l'exercice en a sévèrement été réglementé. Il n'en est pas ainsi, les règles données sur ce point sont peu précises. Nous avons déjà souvent répété que c'est un vice inhérent à la nature même du droit international, que cette impuissance de formuler des règles exactes, qui seraient trop souvent méconnues. Ici comme ailleurs pour être acceptées, ces règles ne pouvaient être qu'inoffensive, ou pour emprunter à M. Rolin-Jacquemyns une opposition de termes employée par lui, nous pourrions dire : « pour faire œuvre féconde, le droit international doit faire œuvre inutile. »

(1) Général Lewal, Études de guerre, Tactique de ravitaillement, T. I, p. 221.

Le manuel d'Oxford dit simplement que les prestations devront « être en rapport avec les nécessités de la guerre, généralement reconnues et en proportion avec les ressources du pays. »

Cette règle a été formulée après de nombreuses discussions que nous allons brièvement rappeler. Sans remonter à Vattel, dont l'autorité en cette matière est nulle, et sans nous arrêter à des gloses sur les articles quelque peu confus de Blunstchli, cherchons à dégager la règle générale qui doit limiter l'exercice du droit de réquisition.

Trois systèmes avaient été proposés à la conférence de Bruxelles. 1° Le premier donnait à l'envahisseur sur les biens du territoire envahi, le même pouvoir qu'aurait eu le gouvernement légal.

Cette rédaction était empruntée au projet primitif russe (art. 52).

2° Un deuxième sytème reconnaiss it à l'envahisseur le droit de réclamer des habitants du territoire les prestations qu'il pourrait demander à ses propres populations. Ce projet était soutenu par le colonel fédéral Hammer.

3° D'après le troisième sytème toutes les prestations seraient justifiées qui seraient basées sur l' « usage des armées en campagne », sur les« besoins de la guerre » ou mieux encore sur « les nécessités de la guerre généralement reconnues. »

Disons tout de suite que nos préférences vont à ce dernier système. Sans doute, la première et la deuxième règles semblent plus humaines, moins blessantes pour les populations qui seront fixées sur l'étendue de leurs devoirs; de plus le premier sytéme présente cet avantage d'être conforme à la règle admise en matière d'impôts. (M, Neumann). On sait que, dans la mesure du possible la répartition des impôts doit se faire d'après les règles du pays occupé. Mais cette analogie ne nous parait pas suffisante ; les impôts sont levés pour satisfaire aux besoins de l'administration du pays; or ces besoins sont sensiblement les mêmes que cette administration soit aux mains de l'envahisseur du gouvernement national. Dès lors, pourquoi augmenter les impôts?

Mais nous repoussons ces deux opinions comme fondées sur cette commune erreur que l'Etat envahisseur est substitué aux droits de l'Etat envahi, on ne saurait trop protester contre cette idée fausse que nous avons déjà combattue.

Dans les réunions préliminaires de la Conférence de Bruxelles, M. le directeur Vedel, délégué du Danemark reprocha au système Suisse sa tendance à reconnaitre à l'occupant le droit d'introduire sa propre législation dans un territoire provisoirement occupé. Protoc. XV. archiv. diplom. a 76 p. 205), Il est encore une objection commune aux deux systèmes que nous écartons. Ils ont l'inconvénient, disait le colonel Staffe délégué Suédois, « de mesurer les droits du vainqueur à l'étendue des sacrifices extraordinaires que l'Etat peut dans un cas donné demander à ses sujets. »

Certainement l'adoption d'un de ces deux systèmes pourrait présenter l'apparence d'une réglementation publiée et invariable, mais cet avantage ne serait qu'apparent puisque les nécessités de la guerre autoriseraient à négliger ces règles et en outre, n'y a-t-il pas quelque chose d'odieux à confondre les droits de l'ennemi et ceux de la patrie ? Comment accepter une complète assimilation entre les devoirs d'un citoyen vis à vis de sa patrie, entre les sacrifices qu'il consentira volontiers pour elle, et les services que l'étranger lui arrache par la force et la menace peut-être, en tout cas par la contrainte? Des conférences de publicistes peuvent traduire en un règlement ce qu'ils nomment la conscience générale des peuples civilisés, ils ne feront jamais entrer dans la conscience, sinon dans la tête d'un homme de cœur, qu'il a des devoirs vis à vis de l'étranger hostile qui foule aux pieds le sol natal.

« Il n'y a pas d'analogie dit M. Mountague Bernard, entre ce qu'un gouvernement peut exiger de ses sujets pour la défense de leur pays, et ce qu'un occupant peut exiger d'eux pour être en état d'envahir et de conquérir ce même pays. »

Nous nous rallions donc au troisième système adopté d'ailleurs par la conférence de Bruxelles; pour nous, les réquisitions ne se justifient que par l'impossibilité de les abolir, dès lors il faut en cette matière comme en tout autre, s'en remettre à la conscience du général en chef. M. Robin-Jacquemyns prétend que les réquisitions constituent un progrès et que leur limitation est une précieuse conquête du droit des gens. (Revue. 75. p. 503) c'est là une question de mots. Est-ce véritablement un progrès que d'accorder la qualité de droit à une pratique nécessaire et que l'on ne saurait empêcher, est-ce une limitation vraiment juridique que de confier à l'arbitraire d'un général sans contrôle l'exercice de ce prétendu droit?

Non, et ici comme en tout autre circonstance, nous prétendons simplement adresser un conseil de modération au commandant de l'armée. Le colonel Von Rustow nous dira comment il va être écouté: « On peut imposer aux habitants des territoires occupés, des contributions de toute espèce, et on devra surtout le faire, dans l'intérêt de l'armée envahissante, pour lui procurer le nécessaire et lui donner un certain luxe, de manière à maintenir la bonne humeur. Seulement, il faudra en faisant cela demeurer toujours « aimable » et s'en tenir le plus possible, aux formes accoutumées. Chaque état a précisément habitué ses citoyens à se laisser épuiser et faciliter ainsi, même à un ennemi envahisseur, l'emploi de procédés relativement doux » (1).

Tout commentaire affaiblirait la saveur de cette paraphrase des « nécessités de la guerre généralement reconnues ».

§ 3. Objet du droit de réquisition. — Quelles prestations pourront faire l'objet des réquisitions? Toutes celles que l'envahisseur pensera devoir lui être utile. Par exemple l'installation matérielle des troupes; la subsistance des armées en campagne, les moyens de transport ou de correspondance; les locaux destinés aux soins des blessés; les objets d'habillement, de campement, etc.; enfin les machines ou les matériaux destinés à l'exécution des services de l'armée qui n'ont pas un rapport direct avec les opérations de guerre proprement dites.

A/ Logement : L'armée se fait en première ligne accorder le logement dit Blunstchli (art. 653, note 2), personne n'échappe à cette obligation, l'armée « n'étant point tenue de reconnaître les privilèges et immnités auxquels ont droit certaines personnes ou certaines classes de personnes. »

(1) Rev. dr. Int. 1876, p. 669.

Ainsi Blunstchli autorise une dérogation à l'art. 23 de la Convention de Genève du 22 août 1864 qui dispose : que « tout blessé recueilli et soigné dans une maison, y servira de sauvegarde ; l'habitant qui aura recueilli chez lui des blessés sera dispensé du logement des troupes ainsi que d'une partie des contributions de guerre qui seraient imposées ». L'art. 53 du Manuel d'Oxford dit dans le même sens : « Dans la répartition des charges relatives au logement des troupes et aux contributions de guerre, il est tenu compte aux habitants du zèle charitable déployé par eux envers les blessés ».

On doit aussi respecter les édifices consacrés aux cultes, toutefois cette décision n'est encore que relative. « Il y a dans une armée, disait le général de Voigts-Rhetz délégué allemand, des besoins urgents auxquels il doit être satisfait sans délai, on ne pourrait pas en hiver ou en cas de disette, renoncer à loger les troupes dans une église ou à prendre ce qu'il faut pour leur nourriture même, aux biens des établissaments ecclésiastiques ». On ne doit occuper que les salles vides des hôpitaux. Les règlements militaires français interdisent en outre, de loger des troupes dans des locaux occupés par des veuves ou des jeunes filles seules, les maisons d'éducation de jeunes filles, etc.

Les soldats ont droit chez l'habitant « au feu et à la lumière » quelquefois on exigera encore la paille qui servira au couchage.

B/. Subsistance des armées en campagne. — La recherche des moyens d'assurer la subsistance d'une armée constitue le problème fondamental à résoudre, la solution en devient de jour en jour plus compliquée, non-seulement parce que le nombre des combattants est de jour en jour plus considérable, mais surtout parce que les nécessités des nouvelles tactiques exigent des mouvements de troupes de plus en plus rapides. Or, une armée en campagne, vit sur le pays ou sur ses convois ; ces expressions signifient que l'armée se procure directement dans les lieux qu'elle traverse ce qui lui est nécessaire sans toucher aux provisions dont elle est munie, ou au contraire qu'elle se suffit à elle-même, grâce aux ressources dont on a eu soin de la pourvoir.

Il est certain que le premier de ces modes de ravitaillement sera employé par les armées qui ont besoin d'opérer rapidement et qui ne veulent pas être alourdies par la masse des voitures nécessaires au service des ravitaillements.

Les écrivains spéciaux (1) nous disent que ce procédé fut employé pendant les campagnes de Napoléon, dans la guerre de Sécession, par les Allemands dans la guerre de Sadowa et en 1870. Toutefois comme son emploi peut devenir dangereux à cause de la défaite, qu'il exige une discipline sévère, (2) et qu'il risque de ruiner absolument le pays on a souvent recours au deuxième mode : « vivre sur ses convois, c'est créer et rassembler des approvisionnements de toute nature et les faire mouvoir derrière soi, de façon à y puiser régulièrement tout ce qui est nécessaire à . armée sans que celle-ci ait à se préoccuper de se pourvoir elle-même. » Il est évident que ce mode est préférable à l'autre au point de vue du respect dû à la propriété privée, mais au point de vue

(1) Intend. Baratier : L'art. de ravitailler les gr. armées. (Journal des ciences militaires 1872 et 73).

(2) Après la capilation d'Ulm on constata l'absence momentanée de plus de 30.000 hommes partis en maraude.

stratégique les inconvénients paralysent les avantages.

En France il a été presque exclusivement employé de 1815 à 1873; il parait devoir être abandonné dans les guerres futures. Mais quelque soit le procédé mis en pratique, il sera toujours fondé sur le droit de réquisitions. Tantôt la réquisition sera divisée, portera sur tous les habitants d'un pays tantôt elle s'adressera à certains gros négociants possédant des blés, des draps, des cuirs, des vêtements. Il sera alors plus commode de recourir au procédé de la réquisition en argent qui sera plus divisée frappera un plus grand nombre d'habitants et permettra de payer les denrées réquisitionnées.

On peut encore, sans recourir au système des réquisitions obliger l'habitant à nourrir le soldat qu'il loge. Il nous parait curieux de donner à ce sujet des détails qui feront juger jusqu'à quel point a été poussé l'art de la guerre et les précautions nécessaires pour assurer le succès des opérations entreprises.

Le général Bronsart von Schellendorf (1) estime : que les « localités rurales qui n'ont pas encore été occupées ou qui ne l'ont été que modérément peuvent nourrir pendant plusieurs jours une troupe trois ou quatre fois plus nombreuse que la population. » Un autre auteur militaire déclare qu'on peut considérer qu'un pays de rendement moyen peut sans inconvienent faire subsister pendant une journée un nombre de soldats centuple du chiffre de la population et en outre un nombre de chevaux égal au quart de l'effectif des hommes de troupes susceptibles d'être nourris. Pendant la guerre de 1870

(1) Service d'Etat-major T. II p. 273.

certaines communes ont été contraintes à nourrir des soldats ennemis en nombre neuf fois supérieur au chiffre de la population.

C/ Moyens de transport et de correspondance. — Les victoires ne sont pas seulement remportées par les combattants. Il faut que le soldat soit pourvu de tout ce qui lui est nécessaire, il faut lui épargner autant que possible les privations. Aussi le service des transports doit-il être assuré avec beaucoup de soin. Il existe comme on l'a dit une stratégie des choses qui est l'art de faire mouvoir tous les services matériels sans jamais gêner les évolutions de l'armée combattante.

Aussi pour assurer le service des transports peut-on requérir les bêtes de somme disponibles. Il est plus délicat d'obliger les habitants du pays envahi à transporter les troupes ennemies. Sans doute aujourd'hui ce mode de transport sera rare. Mais il peut arriver que les voies ferrés étant obstruées ou coupées on soit obligé d'avoir recours aux transports par voiture. Cela ne peut-il pas s'appeler une réquisition de nature à obliger celui qui en est l'objet à participer à une opération de guerre ? La conférence de Bruxelles et l'Institut de Droit international ne l'ont pas pensé. M. Mountague-Bernard, protesta cependant avec énergie contre l'adoption de ce principe ; il aurait voulu trouvant les précisions admises l'insuffisantes, que l'on ne précisât rien du tout et que on se bornât à invoquer les nécessités de la guerre sans mentionner aucun cas particulier.

Les réquisitions des moyens de transports, ne portent pas seulement sur les moyens de transport par terre, mais aussi par eau ou par voie ferrée.

Le droit de réquisition s'applique aussi à certaines

catégories de biens pour lesquelles le droit des gens autorise un traitement particulier comme par exemple les dépôts d'armes. Dans ce dernier cas l'envahisseur n'agit pas à proprement parler en vertu du droit de réquisition, on a souvent proposé de l'appeler droit de saisie. Cependant on peut bien dire, en dernière analyse que l'occupant réquisitionne tout ce qui lui est nécessaire ou qu'il craint de voir utiliser par son adversaire.

§ 4. Formalités de la Réquisition. — Le droit des gens est muet sur les formalités qu'il est bon d'exiger pour assurer, autant que possible, le respect des règles d'humanité; il donne seulement des principes généraux qui ont dû ensuite être développés par le droit interne. Le Manuel de droit international à l'usage de nos officiers contient à cet égard d'excellentes règles recueillies dans l'ancienne ordonnance du 3 mai 1832, sur le service des armées en campagne, dans le règlement du 26 octobre 1883, ou du 28 mai 1893 sur le même sujet ou déduites par analogie de la loi du 3 juillet 1877, sur les réquisitions militaires en France (art. 4), et du décret du 2 août 1877 (art. 3-10), qui complète la loi précitée.

Résumons ces principes : La réquisition doit toujours être faite en vertu d'un ordre écrit et signé indiquant la nature et la quantité des prestations fournies qui permettra de déterminer l'étendue de l'obligation imposée. « L'occupant tenu de fournir une marque écrite de ses exigences commet moins d'abus et garde plus de modération. » (Man. Off., p. 127.) « Le commandant, c'est-à-dire l'autorité militaire la plus élevée du corps d'armée ou du détachement au profit duquel les réquisitions doivent être imposées, a seul qualité pour ordonner la réquisition. Les officiers inférieurs, chargés d'en assurer l'exécution ne peuvent procéder que par délégation et sous la responsabilité du commandant. Par sa situation on le conçoit, celui-ci se trouve plus à même d'apprécier plus justement les réels besoins des troupes et les ressources de la contrée ; il est aussi plus capable de mesure et de modération que les officiers subalternes dont le point de vue est moins élevé et la responsabilité moins lourde. » (M. O., p. 125-6 ; cfr. art. 101, règlem., octobre 83.)

Ces principes ont été reconnus depuis longtemps par les règlements militaires français. « A l'armée d'Italie, notamment, Berthier exigeait des chefs d'état-major, des ordonnateurs en chefs, et des commissaires des guerres divisionnaires, un compte-rendu quotidien des réquisitions effectuées de manière à les comparer aux états fournis par les municipalités. (Lewal, *loc. cit.*, T. I, p. 231.)

Le respect de ces prescriptions est assuré par la sanction pénale inscrite au Code de justice militaire. La loi édicte des peines sévères contre ceux qui ayant le droit de requérir abusent de leur pouvoir ou refusent de donner reçu des prestations fournies (5 à 6 ans de réclusion) ou contre ceux qui n'ayant pas qualité usent des réquisitions (peine de la réclusion); la peine peut même être la mort avec dégradation militaire s'il y a eu violence, le crime étant alors assimilé au pillage à main armée. (C. J. M., art. 259.) De même la loi édicte des peines sévères contre ceux qui légalement requis d'une fourniture ne s'exécutent pas. L'exécution de la réquisition se fera dans ce cas, de vive force.

Dans la pratique on donne à chaque officier, susceptible d'ordonner une réquisition, un carnet à souche d'ordres de réquisition. A défaut de ce carnet, l'officier devra rédiger son ordre en double. Généralement l'habitant obéira à la réquisition, s'il se prétend hors d'état d'y satisfaire, on devra procéder à une perquisition. Pour compléter ces renseignements techniques disons que lorsque de bonne grâce on fournit les objets demandés, la réquisition est dite : régulière ; si l'on est obligé de recourir à l'exécution forcée, la réquisition est dite : militaire. On est rarement obligé d'y recourir, l'autorité militaire disposant de moyens coercitifs : imposition de contributions, arrestation d'otages, incendies, exécution sommaire des meneurs,—qui sont d'ordinaire souverains et inclinent à l'obéissance les habitants du pays envahi.

Avant de rentrer dans le domaine de la théorie, et de discuter si l'obligation pour l'envahisseur de donner un reçu est fondé et quelle est la valeur de ce reçu, nous pouvons nous demander, maintenant que nous sommes encore sous l'influence de tous ces détails de pratique, si les populations peuvent nourrir l'espoir de voir disparaître les réquisitions?

Il semble bien que les besoins d'une armée étant toujours les mêmes, les mêmes procédés seront employés pour les satisfaire. Mais à cet argument on a répondu par le mémorable exemple de nos guerres de Crimée et d'Italie et par l'exemple de l'Angleterre en Abyssinie. Il est permis de négliger ce dernier exemple ; les Anglais faisant la guerre dans un pays peu connu, pouvaient craindre de se trouver gênés s'ils étaient réduits aux seules ressources de la contrée. De plus leur amour du confortable est tel qu'il ne craignent pas de s'embarrasser d'interminables convois, qui ont rendu proverbiale la lenteur de leurs armées.

Mais il paraît que si en Crimée et en Italie les réquisitions ont été rares, même pour le service des subsistances, nous n'avons pas sujet d'en tirer vanité, et nous trouvons dans les ouvrages des écrivains militaires, non pas seulement l'explication de ces pratiques par les circonstances, mais leur condamnation même.

La vérité est que les subsistances étaient aussi rares que les réquisitions et la grande mortalité des troupes devant Sébastopol, fut occasionnée par l'insuffisance des vivres. En Italie les réquisitions auraient été possibles dès le début de la guerre, mais on ne savait plus les faire. « C'était aux chefs militaires dit l'intendant Baratier (*loc. cit.*), c'était à toute l'armée qu'il fallait enseigner l'usage des cantonnements, le service des réquisitions, la façon dont chaque jour on doit assigner les villages, la manière de faire militairement un fourrage et aussi l'assistance de la force armée dont aucun administrateur ne peut se passer, dans le régime des réquisitions mêmes payées; c'était à tous les officiers sans exception, qu'il fallait apprendre qu'à la guerre il existe une foule de cas où leur administration régulière ne saurait les atteindre et les alimenter et qu'en pareille occurrence ils doivent pourvoir eux-mêmes à leurs propres besoins; c'était enfin aux populations qu'il fallait apprendre par une proclamation énergique les devoirs et les droits qui découlent du droit de requérir... Ayant oublié comment vivaient Soult, Bernadotte et Murat, dans la poursuite acharnée qui suivit la bataille d'Iéna en 1806, nous ne sûmes en 1859, tirer aucun parti réellement fructueux des victoires de Magenta et de Solférino et faute de savoir extraire les ressources du pays le plus riche du monde, une armée française dût mettre 17 jours pour parcourir 140 kilomètres. »

« Gardons-nous donc une fois pour toutes, conclut

celui auquel nous avons emprunté cette longue citation, des idées philanthropiques auxquelles nous nous abandonnons avec une tendance trop marquée, et par un instinct plus généreux que raisonnable. Plaçons-nous en présence des nécessités de la guerre et soyons convaincus que si la propriété privée doit être respectée, il y a dans tout principe une mesure à [illegible]er pour l'application. A la guerre les règles trop étroites ne sont pas faites pour être observées. L'administration et le commandement demeureront impuissants à préparer et à faire distribuer les ressources considérables de toute espèce exigées par les masses de combattants que les guerres ultérieures mettront en mouvement, s'ils n'ont à leur disposition le moyen subsidiaire des réquisitions. Celles-ci seront un élément des plus précieux et des plus efficaces dans les mains d'un chef militaire éclairé, prévoyant, dont les mouvements et les plans seront méthodiquement et sagement ordonnés. Elles recevront une très grande extension sans lesquelles des privations cruelles seraient imposées aux troupes au risque de compromettre avec les intérêts que l'on veut respecter, la marche, le succès et la discipline de l'armée. »

§ 5 Obligation de délivrer un reçu; droit a indemnité. — L'occupant a d'après Bluntschli (§ 653) le droit de se faire délivrer sans payer certains objets. Les réquisitions qui doivent être fournis gratuitement sont celles que l'usage ou la loi autorise le commandant de l'armée nationale à exiger ; à défaut d'usages l'arbitraire du général en chef fixe quelle nature de réquisitions est inséparable de l'occupation On explique cette gratuité de services par le changement de souveraineté que l'on suppose avoir été opéré par le fait même de l'occupation.

Nous avons déjà démontré la fausseté de cette hypothèse. Aucune acquisition ne devra donc se faire selon nous, sans donner droit à dédommagement. Mais cette exception mise à part, tous les auteurs et tous les manuels reconnaissent qu'en cas de réquisition : « l'état qui les a ordonnées est tenu d'indemniser les particuliers et doit remettre aux propriétaires respectifs, un reçu des objets pris ou cédés. » (Bl. § 655 ; Dr Lieber, art. 38 ; déclar. de Brux. art. 42, Oxf. 60.)

Ce reçu est un titre qui constate la nature des prestations fournies et permet de participer plus tard aux mesure de réparation prises en faveur des victimes de la guerre. « A cet effet il doit contenir les mentions et présenter les caractères qui permettent à la fois d'en vérifier l'authenticité et de rétablir la valeur des choses requises. Les officiers doivent en écrire lisiblement le texte, y consigner explicitement les éléments essentiels qui déterminent la valeur marchande de la prestation, en marquer la date, joindre à leur signature l'indication de leur grade et du corps auquel ils appartiennent et noter s'il y a lieu qu'ils agissent par délégation d'une autorité supérieure » (Man. Off. p. 127). La présentation de ce reçu pourra éviter à son possesseur les charges de nouvelles réquisitions. Il aidera les habitants à établir que leurs ressources sont épuisées et épargnera les châtiments auxquels l'envahisseur a recours pour punir la mauvaise volonté des réquisitionnés, mauvaise volonté toujours présumée chaque fois que les ordres de l'ennemi n'ont pas été satisfaits.

La nécessité de laisser une trace des dommages qui n'ont pas été acquittés sur le champ est donc unanimement acceptée. Ce résultat honore évidemment ceux aux efforts desquels il est dû ; désormais semble-t-il, la propriété privée est bien réellement inviolable ou du moins si elle n'est pas à l'abri des injures de la guerre, les dommages à elle causés sont reconnus et seront réparés. Cette règle est digne de notre civilisation et le droit de réquisition cesse d'être un odieux démenti au principe posé à la base du nouveau droit des gens. Mais, nous l'avons dit, tout principe exige une certaine mesure à garder pour son application.

Sans doute, le reçu délivré réserve tout droit à une indemnité, mais cette indemnité reconnue juste qui la paiera ?

Les auteurs sont très divisés sur ce point. Les uns déclarent que : « l'ennemi ne saurait être tenu de payer une indemnité pour les objets par lui réquisitionnés. Il part de cette idée que la guerre a été injustement commencée ou continuée par son adversaire. Il élève par là-même, la prétention de faire supporter par ce dernier les frais de la guerre. C'est à celui-ci à payer entre autres les réquisitions que l'ennemi a été forcé de faire sur son territoire. La question de savoir si cela se fait ou non appartient au droit interne et non au droit des gens. » (1) L'occupant ne devrait par suite aucune indemnité.

Disons tout de suite que ce système rencontre peu de partisans. Bluntschli dit par exemple (§ 655 note) Il faut dédommager les propriétaires et d'après les principes du droit naturel cette tâche incombe en première ligne à l'Etat qui saisit ces biens et les emploie à son profit. Si les réclamations dirigées contre cet Etat n'aboutissaient pas, l'équité exigerait que l'Etat sur le territoire duquel

(1) Lœnig. 1872. Rev. dr. I. p. 615.

la réquisition a eu lieu fut rendu subsidiairement responsable. » Ailleurs, développant cette idée il dit encore : « L'armée ennemie qui a ordonné la réquisition devrait en première ligne rembourser aux communes et aux particuliers la valeur des objets qu'elle a reçus. Mais elle manque la plupart du temps, de l'argent nécessaire. Elle se bornera donc à constater la dette et à faire espérer un remboursement prochain. Elle peut enfin exiger que son adversaire s'il est vaincu, dédommage lui-même les communes de son propre territoire. Les gouvernements opposent souvent cette exception à leurs créanciers en les priant de s'adresser au trésor de leur adversaire. Mais ce dernier refuse à son tour de reconnaître la dette parce qu'il n'a pas levé la contribution, n'a rien reçu et ne veut pas admettre qu'il ait entrepris une guerre injuste. Les réquisitions sont donc la plupart du temps pour les particuliers un mal inséparable de la guerre et qui doit être supporté par ceux qui en sont atteints. Par des motifs d'équité et si par hasard ses finances le lui permettent l'Etat accordera peut-être une indemnité arbitraire aux victimes. Les traités de paix règlent rarement ces questions et s'ils n'en font pas mention les droits des communes et des particuliers contre l'Etat ennemi, seront gravement compromis. Il ne leur restera qu'à s'adresser à leur gouvernement au nom de l'équité. » Nous avons tenu à donner en entier cette citation dont aucune solution ne se dégage. On ressent après cette lecture une impression de malaise ; on devine chez l'auteur la crainte souvent justifiée, de trouver dans la mauvaise foi des adversaires un obstacle insurmontable à l'établissement des règles de la justice. Aussi, on peut dire que malgré l'opposition de la doctrine, le système de Lœnig est le plus vrai, il constate exactement les habitudes de la pratique : « Autant que possible dit le Manuel de Droit International à l'usage de nos officiers, les prestations requises doivent être payées par l'occupant au moment même où elles sont levées, mais à défaut de paiement, les lois de la guerre lui font un devoir strict de délivrer un reçu pour chaque prestation.

« Ce reçu ne constitue pas la reconnaissance d'une dette à la charge de l'occupant, et n'implique nullement de sa part, l'intention d'indemniser le porteur ; la réparation des dommages causés par les réquisitions est une question dont le règlement est renvoyé après la guerre, et laissé soit aux négociateurs de la paix, soit à la législature du pays occupé. »

Toutefois nous devons le rappeler, nous savons déjà que dans l'intérêt même de la conduite des opérations, il est à désirer que l'armée puisse payer sur le champ les denrées qu'elle réquisitionne. Le seul obstacle est la pénurie probable de numéraire dans les caisses de l'armée. C'est ce qui a amené les stratégistes modernes à adopter le système de la contribution ou réquisition en argent que nous étudierons dans le chapitre suivant. —L'intérêt de l'armée d'occupation est d'assurer la régularité des marchés afin que le commerce certain de trouver un prompt et rémunérateur écoulement de ses produits, perde toute appréhension et que les transactions s'établissent faciles et nombreuses.

Il nous semble d'ailleurs conforme à la justice que l'occupant ne soit pas tenu au paiement des réquisitions qu'il ordonne. En aucun cas, il n'en sera responsable en définitive, en effet après la guerre, s'il a payé les contributions, il ne manquera d'imposer au vaincu le paiement d'une indemnité de guerre suffisante pour couvrir ses déboursés.

S'il n'a pas soldé ses achats au comptant, il nous paraît juste que l'Etat vaincu dédommage ses ressortissants et consacre à ce paiement la somme qu'il a évité de donner à son vainqueur. Nous nous bornons à poser ici cette question qui sera plus longuement étudiée dans un chapitre spécial.

En général nous l'avons dit, les publicistes reconnaissent l'obligation d'indemniser les habitants qui ont subi des réquisitions Mais dans quelle mesure, le reçu délivré par l'officier qui ordonne cette prestation garantira-t-il le remboursement ? Il semble que cette question ne puisse soulever aucune difficulté et que le droit des gens reconnaisse l'obligation d'un paiement complet. Cependant elle fut discutée à l'Institut de Droit International où « personne n'osa proposer de faire du paiement une obligation, » on se demanda seulement si on pouvait attribuer une valeur réelle au reçu. » (1) M. Neumann se borna à faire des vœux pour que l'indemnisation complète fut accordée. Mais M Rolin-Jacquemyns termina le débat en prouvant non-seulement que le principe d'une indemnité à fournir par l'Etat envahisseur était contestable, mais aussi qu'une indemnité quelconque sera rarement dûe.

Les réquisitions, dit-il, en substance, sont des maux inévitables de la guerre. Certes nous reconnaissons ce qu'il y a de cruel pour un citoyen inoffensif, hors d'état de se défendre,—à se voir dépouillé de ses biens. Le droit International déplore une pareille situation, mais

(1) Revue D. I., 13, p. 501-4.

il ne peut intervenir. D'ailleurs quel titre présentez-vous pour justifier qu'une indemnité vous est dûe ?— Un reçu signé d'un officier ennemi?—oui, mais ce reçu est bien mal écrit, les qualités des parties ne sont pas très clairement énoncées, ce titre est « imparfait. »— Et à quel propos cette réquisition vous fut-elle adressée? Etait-elle bien justifiée, était-elle en rapport avec les besoins de l'armée et vos ressources personnelles? Tout cela n'est pas nettement indiqué,—votre créance est d'origine précaire. D'ailleurs comment calculer le montant de cette indemnité? comment justifier que les marchandises ont été livrées, que les prix ne sont pas majorés? — Le montant de votre créance est incertain. Je conseille donc, de refuser tout net, le remboursement de ces créances « d'une origine aussi précaire, d'un titre aussi imparfait, d'un montant aussi incertain. » Accepter une solution aussi brutale, c'était reconnaître le droit de spoliation, rétablir l'ancienne confiscation dont les militaires ne veulent plus comme une offense à la civilisation peut-être, mais surtout comme un obstacle à la discipline ; c'était condamner le principe du respect de la propriété privée. L'Institut de Droit International préféra se déclarer incompétent. En effet « ou bien les ressortissants de l'Etat occupé réclament le paiement de leur indemnité à leur gouvernement et c'est du droit privé interne, ou bien l'occupant ayant été vaincu verra mettre à sa charge le paiement des dépenses qu'il a assumées, c'est à lui que devront s'adresser les personnes en possession d'un reçu émané de ses délégués et c'est encore du droit privé. Le droit international se désintéresse du réglement de ces questions. » Le respect du droit privé empêche le droit international de trancher cette question. » (*Loc. cit.*, p. 503,)

Il nous parait au contraire que la dignité du droit des gens eut gagné à donner une solution conforme aux principes de l'équité. N'y a-t-il pas quelque dérision à proclamer solennellement que la propriété privée est inviolable et à légitimer ensuite toutes les exactions en se refusant par un véritable déni de justice à examiner même la réclamation de celui qui se proclame lésé? — Sans vouloir porter un autre jugement sur cette décision, on peut la qualifier à juste titre d'inconséquente. L'art. 6 de la Déclaration de Bruxelles (55, Oxford), dit que si les chemins de fer peuvent être saisis ils doivent être restitués et « les indemnités réglées à la paix.» Ainsi ce qui est seulement séquestré, sera rendu à son propriétaire avec dommages, et on refuse d'admettre le principe même d'une indemnité à accorder à celui qui aura définitivement été privé de la propriété d'une chose consumptible par le premier usage.

Cela revient à dire d'après M. Moynier, « puisque la propriété est inviolable on peut s'en emparer. » Dans le droit de la guerre tel que le fait apparaître la discussion que nous venons de reproduire, les réquisitions ne seraient « plus une avance remboursable » (colonel Staffe), « un emprunt forcé » (col. Hammer), mais une pure exaction. Il n'y a rien à répondre à ces constatations de la logique. Aussi M. Rolin-Jacquemyns essaie-t-il de conclure par une phrase obscure et alambiquée que : dans l'état actuel du droit de la guerre, on a fait « œuvre féconde, » on a fait tout ce qu'il était possible de faire en formulant « un principe dont l'avenir et une expérience plus humaine » développeront les conséquences.

Il est permis de se demander quelles pourront être ces conséquences. On généralisera peut-être la pratique du reçu, mais quelle sera l'utilité de cette pièce (si ce n'est pour éviter de nouvelles réquisitions) puisque comme le fit remarquer M. Mountague Bernard « il a été clairement établi dans la discussion que, même comme preuve, ce reçu est destitué de toute valeur (p. 504, *pass.*).

Il est triste de constater que la pusillanimité du droit des gens nous oblige à compter uniquement sur la pratique pour suppléer aux lacunes de la science.

SECTION II. — Des Contributions

§ I. Fondement du droit de contribution. — Les réquisitions en argent sont généralement désignées sous le nom de contributions.

Si on donnait à ce mot le sens que lui donne l'histoire, la contribution n'aurait plus de fondement rationnel dans le droit actuel de la guerre. On appelait ainsi autrefois, la rançon que versait une ville pour se racheter du pillage ; le pillage ayant disparu, la contribution aurait dû semble-t-il disparaître ; toutefois elle subsiste et pour justifier la persistance de cet usage, plusieurs hypothèses ont été proposées.

Pour M. Lœnig « les contributions en argent se présentent comme un moyen de faire plier un adversaire opiniâtre. Telle est la contribution de guerre extraordinaire de 25 francs par tête qui a été imposée aux habitants des départements occupés en décembre 1870. Il est vrai qu'on a encore officiellement motivé cet impôt sur ce qu'il devait couvrir les frais de l'entretien effectif des troupes, mais il n'est pas douteux qu'en première ligne il n'ait eu pour but de pousser les habitants à désirer la paix et de réagir contre la politique de Gambetta... Il est vrai que des contributions de ce genre pèsent aussi sur ceux des habitants qui sont hors d'état d'influer sur la politique de leurs gouvernants. Mais tel est le caractère de la guerre que l'innocent y est frappé pour le coupable. Prise en soi cette contribution ne pouvait être considérée comme contraire au droit des gens (1) ».

Le général Lewal (2) dit que la contribution est un moyen d'assurer la marche de l'armée en facilitant le service des réquisitions. Les Allemands ont, nous le verrons, usé et abusé de cette pratique en 1870. Nous l'avons fait observer à plusieurs reprises, la réquisition payée, c'est-à-dire l'achat normal, est un système bien supérieur par les résultats qu'il donne, à la réquisition forcée avec reçu donnant un droit problématique. Si l'état envahisseur n'a pas assez de numéraire disponible, il s'en fera donner par le moyen des contributions. « Le paiement toujours et partout simplifie beaucoup la réquisition; en imposant préalablement des contributions de guerre en conséquence, on évite des abus, on ne mécontente pas les populations et on est mieux servi. Contribution de guerre et réquisition sont deux actes contingents, l'un ne va pas sans l'autre... En pays ennemi le mode le plus rationnel et le plus pratique dans tous les cas, est d'abord de frapper des réquisitions en argent, puis de réquisitionner des denrées sous une forme ou sous une autre, en les payant ou en les acceptant comme partie de la contribution de guerre. » (Lewal.)

(1) Lœnig. Rev. D. I., 73, p. 101.
(2) Lewal. Études de guerre. Tact. des ravitaillements, T. I, p. 228 et 232.

D'après cet auteur, la contribution est donc le procédé de réquisition le plus normal et le plus juste. Il est avantageux pour l'envahisseur puisqu'il n'obère pas le Trésor public, pour le commerce du pays envahi qui ne sera pas interrompu; il est encore le plus juste puisque la somme à fournir sera répartie sur un plus grand nombre de têtes.

M. Massé (1) a donné une autre explication; la guerre est à ses yeux l'image d'un procès d'où ressort le droit du vainqueur; il est légitime de laisser la charge des frais au vaincu. La contribution est donc un prélèvement anticipé de l'indemnité que l'occupant ne manquera pas de se faire attribuer à l'issue de la guerre.

Il est difficile d'admettre une de ces trois opinions :

L'opinion de Lœnig ne peut se soutenir, elle est formellement condamnée par le Manuel de droit international à l'usage des officiers. « Le droit des gens ne permet pas que l'on fasse des contributions un moyen de peser sur les habitants d'un territoire envahi pour les amener à désirer la paix et déterminer ainsi l'adversaire à se soumettre plus vite. Ce serait un procédé injuste et barbare qu'aucune considération ne saurait excuser. »

Voici en quels termes l'apprécie le Ct Guelle : (2) « Il n'y a dans le système de Lœnig que de mauvaises raisons au service d'une mauvaise cause et il est regrettable de voir un jurisconsulte faire intervenir le droit des gens en pareille matière. Si l'on pouvait contraindre les habitants à désirer la paix par les souffrances qu'on leur

(1) Massé. — Le Droit commercial dans ses rap. avec le dr. des gens T. I, p. 151.
(2) Guelle.—Lois de la g., T. II, p. 211.

impose, il n'y aurait pas de mauvais traitements qui devraient leur être épargnés. Pourquoi ne pas admettre, du même coup, le meurtre, le pillage, les incendies, les ôtages,—le système serait alors bien plus efficace. »

Le système du général Lewal est séduisant, mais il nous paraît dangereux, car il comporte beaucoup d'arbitraire. Dès le début de l'occupation le général en chef frapperait d'une forte contribution le pays occupé et les réquisitions seraient à l'inverse de ce qui existe actuellement, un cas particulier de la contribution. Appliqué avec modération ce système serait certainement susceptible de produire de bons résultats, mais les abus seraient à craindre.

La contribution perçue ne serait peut-être pas employée aux achats en vue desquels elle aurait été levée, mais gaspillée suivant la fantaisie des chefs et on serait obligé d'avoir recours aux réquisitions en nature, qui pèseraient sur un pays déjà ruiné.

On discuta à la Conférence de Bruxelles sur la légitimité des contributions imposées à la place des réquisitions en nature. Blunstchli, dans son art. 654, les avait condamnées :

« Les lois de la guerre n'autorisent pas en particulier toute réquisition purement pécuniaire... » Mais en 1871, il déclara qu'il autorisait, bien qu'avec un regret évident, les contributions en argent comme pouvant remplacer les réquisitions en nature et en tenir lieu. »

Aussi l'avis unanime des membres de la Conférence fut que dans l'art. 653, le savant d'Heidelberg n'avait pas dit, ce qu'il paraissait dire (1).

(1) Rolin Jacquemyns,—Rev. D. I., 71, p. 331.

Le général de Voigts-Rhetz justifiait ainsi la nécessité des contributions. (Séance du 20 août 1874, protoc. XVI) : « Une armée arrive dans une ville riche et demande un certain nombre de bœufs pour sa nourriture. La ville répond qu'elle n'en a pas. L'armée serait donc obligée de s'adresser à des villages souvent pauvres où elle prendrait ce qu'il lui faut. Ce serait une injustice flagrante, le pauvre paierait pour le riche. Il n'y a donc pas d'autre expédient que d'admettre l'équivalent en argent, c'est du reste le mode que les habitants préfèrent. D'ailleurs il n'est pas admissible qu'une ville qui ne peut pas payer en nature soit dispensée de payer en argent. »

Le délégué des Pays-Bas, M. de Lansberge, demanda s'il ne serait pas possible de décider que la ville ferait les réquisitions elle-même. « C'est manifestement impossible, répondit le général de Voigts-Rhetz, une armée arrive dans la nuit pour partir le lendemain, elle doit être nourrie, la ville ne peut pas le faire ; l'occupant avec l'argent qu'il perçoit ira en hâte dans les campagnes prendre ce qu'il faut et paiera avec les sommes fournies par la ville. A la paix, la ville présentera son reçu ; voilà la marche régulière, pas un officier n'en voudrait suivre d'autre et s'exposer à être jugé pour avoir laissé manquer l'armée de choses indispensables. »

Les contributions prélevées à la place des réquisitions peuvent encore se comprendre même dans le cas où une ville ne manque pas des denrées nécessaires, mais au cas où le trésor de l'armée serait vide. On prétend en effet que la contribution est tout à l'avantage du pays occupé, parce qu'elle n'arrête pas comme les réquisitions la production ou le commerce.

Si on suppose que dans une manufacture de drap par exemple, l'occupant réquisitionne chaque soir la production de la journée et qu'il se borne à délivrer un reçu, il est certain que le fabricant lassé renverra bientôt ses ouvriers et fermera ses ateliers; si au contraire on paye chaque jour le produit acheté, même avec l'argent prélevé à titre de contribution sur la fortune de l'industriel, celui-ci travaillera autant qu'il lui sera possible pour essayer de rattraper sa perte par le bénéfice qu'il fera quotidiennement.

Enfin la facilité de la perception a fait admettre l'usage des contributions. « Les contributions, disait encore le général de Voigts-Rhetz, seront moins pénibles que les réquisitions en nature parce qu'elles peuvent être supportées par une plus grande étendue de territoire, que l'argent est d'un facile transport et que toutes les ressources du crédit peuvent être mises en œuvre pour éviter le transport de l'argent. »

Cette facilité même a été envisagée comme dangereuse par beaucoup de bons esprits. M. de Lansberge se demandait comme nous l'avons fait plus haut si l'imposition préalable d'une contribution empêcherait d'exercer ensuite des réquisitions. Le général de Voigts-Rhetz répondit à cette objection que les belligérants commettraient dans ce cas-là un « vol manifeste » et qu'il fallait faire un certain fonds sur la conscience humaine.

Les enseignements de l'histoire nous obligent cependant à une certaine réserve sur ce point, aussi certains délégués de la Conférence étaient-ils opposés à la reconnaissance formelle du droit de contribution.

M. M. Bernard soutint cette opinion et l'on peut résumer ainsi sa discussion : Il est difficile de reconnaître un droit dont on a si ouvertement abusé, et je ne vois pas l'utilité d'une reconnaissance formelle. La grande facilité avec laquelle il est possible de se procurer de l'argent est une objection à la pratique des contributions. L'armée doit demander les denrées dont elle a besoin; que les habitants fournissent l'argent nécessaire pour les acheter si cela leur est plus commode, j'y consens, mais je ne vois pas en quoi un pareil arrangement a besoin d'être expressément prévu par les lois de la guerre.

Comme l'obligation de donner des sommes d'argent est une mesure pénale, je pense que puisque nous avons passé sous silence d'autres pénalités nous devons également ne pas nous occuper de celle-ci.

Cette argumentation pouvait se défendre, mais la Conférence de Bruxelles s'était donné pour mission non pas de fixer les règles d'un droit des gens idéal conforme aux sentiments d'équité, mais simplement de constater les usages de la guerre et l'usage de la contribution rend trop de services pour ne pas être employé par les gens de guerre.

Le droit de contribution se justifie par les nécessités de la guerre, toutefois on en a réglé l'exercice dans des limites que nous allons déterminer.

§ 2. — LIMITATIONS APPORTÉES AU DROIT D'ÉTABLIR DES CONTRIBUTIONS PÉCUNIAIRES. — On a essayé de donner aux populations quelques garanties en déterminant quelles personnes auraient le droit d'imposer des contributions : il n'a pas été possible de prévoir à l'avance les cas dans lesquels la contribution pourrait être levée, mais le manuel de droit international à l'usage de nos officiers, donne à cet égard une ligne de conduite facile à suivre et généreuse.

La règle qui déterminera le montant et l'étendue des contributions, est celle que nous avons déjà donnée pour les réquisitions : les besoins des troupes et les ressources du pays occupé sont les deux facteurs dont il y a lieu de se préoccuper.

« Les contributions en argent, disait déjà l'ordonnance du 3 mai 1832 sur le service des armées en campagne, (art. 15) — ne doivent pas être imposées sans une nécessité absolue et lorsque les besoins des troupes l'exigeront impérieusement. »

La cause des contributions est triple : « Elles peuvent être levées « soit comme équivalent pour des impôts ou pour des prestations qui devraient être faites en nature, soit à titre d'amende » (art. 41, Bruxelles. — 58, Oxford.)

Les contributions levées à titre d'amende trouvent leur place dans une étude sur le droit pénal de la guerre, les contributions levées en remplacement d'impôts non perçus doivent être étudiées en même temps que la propriété publique.

On peut dire encore avec le manuel de droit international à l'usage des officiers, que « des contributions peuvent être perçues légitimement pour les besoins des troupes ou pour les besoins du pays envahi. Dans le premier cas c'est un équivalent des prestations que l'occupant est fondé à lever : au lieu des vivres et des objets qui lui font défaut, il réclame le versement d'une somme en bloc, qui lui permet de se procurer directement les fournitures nécessaires.

Dans le second cas, c'est un équivalent des impôts que l'occupant est autorisé à percevoir et dont le montant doit être appliqué au maintien de l'ordre et de la vie sociale dans la mesure où le gouvernement légal y était tenu (p. 129).

Pasquale Fiore (1) dit que les contributions ne pourront être levées que pour remplir les caisses de l'armée; mais Bluntschli (loc. cit., p. 654, note) et Lœnig (2) estiment au contraire que le pouvoir militaire n'est pas autorisé à lever des contributions pour emplir les caisses de l'armée ou satisfaire la cupidité des chefs.

§ 3. Formalités de la contribution. — Pour éviter la multiplicité des contributions, peu de chefs auront le pouvoir de les ordonner ; l'ordre du commandant en chef ou de l'autorité supérieure civile établie sur la province sera nécessaire. (41, Bruxelles ; — 58, Oxford.).

L'ordonnance du 3 mai 1832, donnait ce droit simultanément au général en chef et aux généraux commandants de corps d'armée, le décret du 26 octobre 1883 (art. 104) restreint ce droit au seul général en chef.

« C'est une garantie nouvelle assurée au pays envahi. Les contributions en argent pèsent d'un poids plus lourd que les contributions en nature et sont plus rarement destinées à des besoins urgents; la tentation d'en exagérer le chiffre, d'en affirmer la nécessité ou d'en employer le produit à d'autres destinations est aussi plus forte. On a jugé qu'il était prudent de réserver à l'autorité la plus élevée le soin et le pouvoir d'en apprécier l'opportunité et d'en modérer l'exercice dans de justes limites. »

On voit que la doctrine officielle française professe en cette matière une opinion tout à fait opposée à celle

(1) Dr. Inter. cod. r. 1074.
(2) Lœnig. Rev. de D. I, 73, p. 107.

du général de Voigts-Rhetz et du général Lewal qui estiment que la contribution doit-être préférée à la réquisition, dans l'intérêt même du pays envahi.

Dans la pratique, en France, l'intendant fixe le chiffre de la contribution et le général en chef, sur son rapport, lance un ordre à l'autorité civile qui doit s'y soumettre (Brux. 51) à défaut des autorités civiles on s'adressera aux habitants notables. En 1870, des banques de guerre suivaient les armées allemandes et s'occupaient de négocier les titres de rente et les obligations que les habitants présentaient à défaut de numéraire.

Le mode de perception et de répartition doit-être établi avec beaucoup de soins. « Il ne suffit pas, dit l'intendant Odier (1), — que l'administration d'une armée considère un pays et dise : ce pays est fertile il peut supporter telle charge. Il ne suffit pas même d'avoir appris de la statistique qu'il peut réellement la supporter et de l'économie politique qu'il pourra reproduire les moyens de la supporter encore ; il faudra savoir comment on la lui imposera, à quel titre, sous quelle forme, par quel moyen, et prévoir les effets.

« Une fausse mesure, une charge imposée maladroitement sur tel ou tel genre d'industrie, peut à l'instant les compromettre tous et menacer la tranquillité publique.

« L'armée d'Italie ayant frappé la ville de Milan d'une contribution de 20 millions sans prescrire la nature de l'impôt et le mode de recouvrement, la municipalité imposa arbitrairement quelques riches, et, pour le surplus elle enleva le trésor de la cathédrale : aussitôt dix mille

(1) Odier, Cours d'études sur l'Admin. Milit. t. V, p. 322.

domestiques sont renvoyés, vingt mille ouvriers restent sans travail et la violation de la chapelle sert de prétexte à une insurrection qui, s'étendant sur les provinces, occasionne l'incendie de Binasco et le saccage de Pavie. »

Cette intéressante citation montre avec quelle prudence doivent être ordonnées les contributions. « L'important est en effet de ne pas faire disparaître du pays l'argent qu'on en tire, mais au contraire de l'y faire rentrer après avoir subvenu par lui à l'entretien de l'armée. » (Loc. cit., p. 588).

Il faut donc agir avec précaution pour ne pas effaroucher l'argent. L'observation de cette règle est une condition de l'existence de l'armée dans le pays. Si elle rassure le commerce et le capital elle sera plus certaine de trouver à sa disposition l'argent nécessaire à ses besoins.

L'obligation de délivrer un reçu est, cela va s'en dire, formelle comme pour les réquisitions. Mais ces reçus n'auront et ne peuvent avoir d'autre utilité que d'évter au pays envahi des charges nouvelles. Il donnera droit à une indemnité qui ne sera dûe par personne.

SECTION III. — Deux guerres modernes

§ I. Guerre Franco-Allemande. — Dans les quelques guerres auxquelles nous avons fait allusion, le droit de réquisition n'a pas eu l'occasion de s'exercer ; il faut, en effet, une organisation bien perfectionnée, une administration militaire instruite et minutieuse pour permettre le fonctionnement d'un système régulier. Réquisition suppose organisation. Ce n'est donc que pendant la guerre de 1870-71, que nous pourrons trouver des exemples de l'exercice de ce droit, et aussi dans la guerre sino-japonaise.

De quelle façon observa-t-on les règles du droit des gens? — La controverse là-dessus est vive, chaque auteur suivant ses sympathies, presque suivant sa nationalité, professe une opinion différente.

Voici Calvo par exemple (t. III, p. 228 et s.) qui s'exprime ainsi : Les armées allemandes dans leur récente invasion de la France, sont loins d'avoir respecté les principes que nous venons d'exposer. Non seulement les réquisitions faites par leurs chefs ont été dans plus d'un cas exorbitantes, de nature à affamer les pays qu'elles ont frappé, et ne se sont pas toujours bornés aux nécessités de l'entretien puisque parmi les objets requis figuraient invariablement des cigares pour les soldats, des liqueurs, des vins fins et surtout du champagne pour les officiers, mais encore toutes les villes occupées ont eu, à payer dans de très-courts délais d'énormes contributions en argent, excédant de beaucoup les ressources des municipalités qui, partout pour y faire face ont dû recourir à des emprunts forcés ou faire appel aux habitants. Bien plus, ces contributions n'ont servi à exempter les villes d'aucune charge de guerre, car elles n'en ont pas moins été astreintes au logement des officiers et des soldats chez les particuliers, à des livraisons régulières de vivres, vêtements, munitions, etc.

L'allemand Lœnig (1) ne partage pas cette manière de voir :

« De la part des autorités allemandes, dit-il, rien n'a

(1) Lœnig. V. D'. I, 72, p. 611.

été négligé pour maintenir les réquisitions dans de justes limites. Les ordres du jour émanés du roi et des commandants supérieurs lors de l'invasion en France, font à tous les officiers une obligation d'user du droit de réquisition d'une manière consciencieuse. La proclamation royale du 11 août 1870 dispose : « que les habitants ont à livrer ce qui est nécessaire à l'entretien des troupes. Les limites des réquisitions nécessaires sont déterminées d'une manière précise. Ces réquisitions peuvent être ordonnées par tous les commandants de corps détachés, sauf les réquisitions extraordinaires qui ne peuvent être prescrites que par le général en chef; dans tous les cas il est délivré des bons officiels. »

En Alsace les communes avaient assumé le fardeau des réquisitions en sorte que les particuliers n'eurent pas beaucoup à en souffrir.

Pour la ville de Strasbourg, la valeur des réquisitions fournies depuis le 28 sept. 1870, s'éleva à 500.000 fr. Dès le 8 octobre 1870, le gouverneur allemand entrant dans la ville, disait que ce pays resterait allemand, s'il plaisait à Dieu ; aussi des réparations étaient-elles immédiatement prescrites. Dès le 2 septembre, les préfets avaient envoyé aux maires une circulaire les invitant à « tenir soigneusement note de toutes les prestations de guerre imposées à la commune comme aux particuliers, et à envoyer tous les mois une liste à la sous-préfecture. Les soins les plus minutieux furent pris pour que personne ne fut lésé et une indemnité fut repartie entre les intéressés par les soins d'une commission nommée par le chancelier impérial. (Loi du 14 juin 1871).

L'intention avouée de l'Allemagne, d'annexer l'Alsace suffit à expliquer la faveur de ce traitement.

Plus éloquents que les appréciations des publicistes sont les chiffres. Il résulte du rapport officiel adressé au ministre de l'Intérieur par M. Durangel, directeur de l'administration départementale et communale au ministère de l'Intérieur, sur la réparation des dommages résultant de l'invasion (1876) que le montant des contributions de guerre levées par les Allemands antérieurement à la date du 26 février 1871, date de la ratification des préliminaires de paix, s'est élevé, le département de la Seine excepté, à près de 38 millions (37.587.389, 75 c.).

L'armistice de Versailles du 28 janvier 1871, n'arrêta pas les effets des contributions de guerre. Aux termes de cet armistice, la ville de Paris devait verser 200 millions de francs payables dans les 15 jours. Postérieurement au 26 février des contributions de guerre furent encore perçues; leur chiffre s'élève à 1.466.573 fr. 89 et non comme le dit Calvo à 6.530.254 francs. Cela faisait en moyenne 1.100 mille francs pour chacun des 33 départements envahis. Les réquisitions atteignirent le chiffre de 323 millions. Les contributions se poursuivirent jusqu'au 2 mars dans certains départements. Une ordonnance du gouverneur de Reims allait jusqu'à prescrire d'interner en Allemagne à titre d'ôtages des notables en garantie des sommes dues par les communes; cet ordre reçut un commencement d'exécution sur plusieurs points. (Calvo *loc. cit.*) — Ceci n'empêchait pas les Allemands de percevoir les impôts dont le total atteignit 49 millions. On aurait pu penser que les contributions et les impôts seraient comptés en déduction des cinq milliards que la France avait à payer à titre d'indemnité de guerre, mais les Allemands refusèrent d'admettre cette manière de voir. M. de Bismarck avait, dit-on, abandonné un milliard sur le chiffre de l'indemnité demandée tout d'abord à la France et cette concession devait l'affranchir selon lui, de toute réclamation soulevée à la suite de l'occupation (1).

Il semble bien résulter de ces chiffres que les contributions ont été exagérées. Lœnig lui-même, dont nous avons rapporté plus haut la favorable opinion, reconnait qu'il y a eu des réquisitions inutiles, exagérées, ou même ridiculement mesquines, telle la réquisition d'allumettes chimiques faites aux habitants de Strasbourg (loc. cit.).

Bluntschli a reconnu aussi plus tard que parfois on a abusé du droit de réquisition (2), et Von der Goltz avoue que l'administration militaire employait sans trop de scrupules tous les moyens (3).

Nous allons donner maintenant quelques détails sur la manière dont on a exercé les réquisitions à Versailles, séjour du roi de Prusse, du prince royal, du maréchal de Moltke, du général de Roon ministre de la guerre et du comte de Bismarck. Si les faits démontrent que malgré la présence des hautes autorités que nous venons de nommer, cette ville fut la victime de l'arbitraire des chefs et de la cupidité des subalternes, il sera facile de s'imaginer le sort des provinces éloignées du haut commandement. Les chefs d'un grade inférieur devaient craindre les protestations, les réclamations et les blâmes de ceux auxquels on ne pouvait manquer de s'adresser et qui avaient manifesté dans de si nobles

(1) Sorel. *Hist. diplom. d. l. guer. fco-all.* T. 2, p. 216.
(2) Rev. D. I. 17, p. 537.
(3) Von der Goltz *loc. cit.*, p. 121.

proclamations leur haine de ces procédés barbares. Les renseignements qui suivent sont empruntés à la si intéressante chronique rédigée par M. Délerot, bibliothécaire à Versailles, sur des pièces originales recueillies par le maire de cette ville, M. Rameau.

Les Prussiens envahirent la ville le 19 septembre 1870 et dès leur arrivée ils montrèrent une grande avidité. Le 21 octobre le maire écrivait au prince royal que depuis le 22 septembre précédent il était requis chaque jour de la ville, les quantités suivantes qui certainement dépassaient de beaucoup les besoins journaliers des soldats logés dans son enceinte : 800 quintaux de viande, 1,200 quintaux de pain, 270 quintaux de riz, 70 quintaux de café, 40 quintaux de sel, 20 mille litres de vin, 900 quintaux d'avoine, 50 mille cigares. On avait saisi dans les magasins de l'État une grande quantité d'avoine et 716 mille cigares et cependant l'Intendance, ne tenant aucun compte de ces énormes quantités de marchandises, en dressant les tableaux du déficit dû par la ville, réclamait une somme de 632.404 fr. 25, soit 35 mille francs par jour, auxquels il faut ajouter 25 mille francs par jour pour les objets que l'on avait été en mesure de fournir, alors que le revenu de la ville ne s'élevait qu'à 2,000 francs. Le prince royal fit remise à la ville de la somme réclamée. L'exagération des sommes demandées et des fournitures exigées était une première source d'abus ; une autre naissait du nombre considérable de personnes prétendant avoir le droit d'ordonner des réquisitions.

Deux jours après l'occupation, le maire se vit dans la nécessité de protester et il fut alors convenu : que toutes les fournitures (pain, vin, viande), seraient réunies dans un magasin central où la ville ferait porter tous les matins les quantités nécessaires et que les habitants devraient seulement préparer les vivres remis aux soldats au magasin central; que les réquisitions de détail (chauffage, etc.), devraient porter le visa du commandant de place.

Ces conditions ne furent pas observées, le soldat mangeait les provisions apportées du magasin central et obligeait l'habitant à lui servir un second repas, et comme on n'autorisa jamais le maire à publier le texte de la convention, c'est-à-dire à apprendre aux habitants qu'ils n'étaient plus obligés de nourrir le soldat qu'ils logeaient, l'armée allemande continua à vivre à la fois sur la ville et sur l'habitant.

La garantie que paraissait devoir accorder le visa du commandant de place fut illusoire; le visa était à la disposition des sous-officiers et des soldats qui l'apposaient sans examen. « Depuis le matin huit heures jusqu'au soir, de tous les corps campés à Versailles et dans les environs, de toutes les maisons de la ville occupées par des généraux, par des princes, par des officiers, par des soldats, par des ambulances, continuèrent à arriver sans interruption les porteurs de bons de réquisition qui, l'injure et la menace à la bouche, exigeaient la fourniture de tout ce qu'eux-mêmes avaient jugé bon de demander au gré de leur caprice, depuis les matelas et les gros meubles jusqu'à la cire à cacheter.

« Presque tous afin de prévenir et de rendre inutiles les diminutions qu'ils présumaient devoir être faites par la mairie, avaient adopté comme règle de demander une quantité de fournitures beaucoup plus considérable que celle dont ils avaient réellement besoin. Le visa et le timbre apposés sur ces réquisitions en consacraient officiellement les exigences les plus inacceptables; le refus de la mairie était non plus le refus à tel ou tel officier, mais le refus au général commandant de place. Il prenait alors un caractère d'une gravité extrême... La municipalité fut bien vite amenée à reconnaître qu'il était tout à fait vain de chercher à organiser, d'accord avec l'ennemi, un contrôle véritable sur les réquisitions ; elle dut donc se borner à restreindre en fait les réquisitions toutes les fois qu'elle le pouvait et tâcher de découvrir par elle-même les abus pour forcer l'autorité allemande à les connaître et la mettre en demeure de les approuver ou de les punir. Le plus souvent, l'autorité n'approuvait pas, mais elle ne punissait pas davantage et laissait les choses aller comme devant, avec le même désordre, tout en faveur des troupes d'occupation. (Délerot, *loc. cit.*, p. 29-31.)

Les officiers ne devaient pas prendre leur nourriture chez l'habitant ; la municipalité pour leur permettre de se nourrir à leur gré versait une somme de six francs, par tête ; les officiers acceptèrent volontiers cette allocation, mais ils refusèrent de payer leur dîner. L'autorité prussienne ne voulut pas cette fois encore autoriser l'affichage de proclamations dans les deux langues qui auraient fait connaître les droits de chacun : « parce que disait le général de Voigts-Rhetz, posée dans la ville, cette affiche causerait peut-être à quelques officiers un sentiment d'irritation qui pourrait avoir des conséquences fâcheuses pour le maire. »

Cette allocation quotidienne était au début de 1.500 fr., elle s'éleva à plus de 5.000 fr. après l'arrivée du roi. La nourriture du général de Voigts-Rhetz à l'hôtel des Réservoirs s'éleva à 24.894 fr. 40 : celle des princes à 63.218 fr. Le total de la dépense, pendant l'occupation, fut de 619.986 fr. 90, versés directement en numéraire à l'autorité allemande sur la production d'états fournis par elle.

En dehors de ces réquisitions qui conservaient une apparence de légalité, M. Délerot raconte une foule de faits qui démontrent que la brutalité et la tracasserie étaient la règle.

C'est ainsi qu'on enlevait de vive force, dans la rue, des voitures aux cochers qui les conduisaient, que sans raison on exigeait 180 mille chemises de flanelle, 6 mille couvertures de laine, etc., objets qui étaient aussitôt revendus, au vu et au su de tout le monde, aux brocanteurs à la suite de l'armée. On demandait encore des encriers, des plumes, de la poudre, de la cire, des pains à cacheter ponr les représentants de l'Allemagne venus délibérer sur la nouvelle forme politique à adopter par les Etats confédérés. Le prince royal exigeait 25 paquets de bougie par jour. Certaines exigences étaient plus bizarres: signalons une réquisition de 3 balais d'écurie pour son A. R. le grand-duc de Saxe-Weimar; 2 kilogs de pain bis pour les menus-plaisirs de sa Majesté Prussienne, 125 grammes de cire à cacheter et 500 clous de 5 centimètres pour le prince royal!

La Ville fut encore obligée de fournir, plusieurs fois à toutes les casernes, des mobiliers complets. Aussi le chiffre total des réquisitions a-t-il dépassé pour la seule ville de Versailles, la somme de 2.700.000 francs.

Il est vrai que le prince de Bismarck estimant sans doute que ce chiffre n'avait rien d'excessif, expliquait qu'il n'avait pas voulu laisser « abîmer » la ville où résidait le Roi. Cette parole peut nous autoriser à considérer les réquisitions exercées à Versailles comme normales, et nous ne devons pas nous étonner des chiffres énormes que nous avons cités au début de ce chapitre.

En présence de ces résultats, il est permis de demander qu'elle était l'utilité des proclamations publiées au début de la guerre. Elles n'avaient évidemment d'autre but que de solliciter la sympathie de l'opinion publique européenne, qui favorablement disposée par ce préambule de la guerre, devait accueillir avec réserve les protestations de la France.

Leur valeur était exactement appréciée par un diplomate militaire de l'état-major prussien, ami et confident de M. de Bismarck, disant au maire de Versailles : « cela se met dans les livres, mais voilà tout. » (Délerot, *loc. cit.*, p. 32.)

§ 2 De l'esprit qui préside aux réquisitions allemandes — D'ailleurs, d'une manière générale, on peut dire que les règles du droit des gens furent le plus souvent méconnus par eux. Le Controleur de l'armée Peyrolles étudie dans son Cours d'administration militaire professé à l'Ecole de guerre (année 1897 p. 749 et suiv.) l'esprit qui préside aux réquisitions allemandes non seulement dans l'histoire mais aussi dans les réglements militaires qui seraient en vigueur au cas d'une nouvelle invasion et voici le résumé de ses appréciations.

Les réquisitions sont ordonnées par tous les officiers d'approvisionnement, les chefs de corps, les commandants de détachement, qui ont le droit de réquérir les denrées et les objets dont les troupes ont un besoin immédiat. En outre, même le simple soldat a le droit de réquisitionner pour son entretien immédiat et celui de son cheval, mais ce n'est qu'en l'absence du maire qu'il doit s'adresser directement à l'habitant; il doit donner un reçu et rendre compte immédiatement à son supérieur hiérarchique.

Voilà la théorie : En pratique on trouve des réquisitions exercées par des chefs de bataillon, des capitaines, des lieutenants, des adjudants-majors (pour le logement) des administrateurs comptables et inspecteurs de magasins, d'hôpitaux, d'ambulance ou même par des fonctionnaires civils ! On ne trouve guère d'ordres de réquisitions; car les réquisitions ne sont notifiées que verbalement, avec l'appui de la force armée et exécutables sur l'heure. Aussi ne trouve-t-on que des bons, ou des reçus « *Quittung* » rarement ils sont imprimés et encore moins extraits d'un carnet à souches.

Quelques-uns seulement de ces reçus portent l'empreinte d'un timbre humide ou d'un cachet à la cire qui revêt un caractère officiel ou a été apposé avec une bague; d'autres reçus sont revêtus d'un timbre mobile (avec indication de la division et du régiment) gommé à l'avance. Enfin souvent à côté de la signature du requérant, on ne trouve que le timbre humide de la mairie.

Les reçus indiquent tantôt le poids de la denrée, tantôt sa valeur: «Vingt litres de vin» ou «douze francs de vin»

Pour les Allemands la réquisition est une charge communale et elle peut excéder les ressources de la commune; à celle-ci de faire appel aux communes voisines, on ne laisse aucune réserve aux habitants.

Les réquisitions sont donc généralement adressées aux municipalités avec injonction de répartir les prestations équitablement entre les habitants et de les indemniser. La plupart du temps, les réquisitions d'une certaine importance (pour la formations de magasins par exemple) se terminent par cette formule:

« Si la commune ne peut fournir les prestations demandées représentant une somme de . . . . . elle est invitée à verser cette somme à la caisse communale du chef-lieu de canton,» c'est la transformation de la réquisition en paiement dont nous avons déjà parlé; en voici un spécimen:

« Par ordre du gouverneur général, une réquisition de douze mille paires de bas de laine a été imposée au département de la Marne. La répartition faite du prix total de la fourniture s'élevant à 18 mille francs, il incombe à l'arrondissement de Châlons la somme de 2.584 frcs. (suit le détail de la répartition entre les communes.) » . . . .

MM. les Maires sont invités à verser aux chefs-lieux de canton, les sommes ci-dessous énoncées dans le délai maximum de quinze jours, à compter d'aujourd'hui sous peine de poursuites militaires.»

Enfin on prescrit aux maires d'adresser au Sous-préfet prussien un état des ressources de la commune; 2° d'adresser à la fin de chaque semaine à ce même fonctionnaire un état des réquisitions exécutées, sous le prétexte de permettre à l'autorité allemande de s'assurer que ces réquisitions ont été légalement ordonnées, en réalité pour savoir ce qui reste dans la commune.

A) Nature des réquisitions allemandes; leur insuffisance pour la satisfaction des besoins de l'armée. - On peut dire que les Allemands ont tout demandé à la réquisition: denrées alimantaires, logement, chauffage, éclairage, habillement, campement, blanchissage. Chacun des départements de l'Aube et de la Marne dut fournir 12 mille paires de bas de laine; le département de l'Aube 16 mille couvertures de 13 francs chacune. Les arrondissements d'Arcis et de Bar-sur-Aube durent procurer 10 mille paires de bottes dont on avait indiqué les pointures, encore : des clous, des formes de bottes, des alènes, des marteaux, etc., etc.

On s'adressait encore à la réquisition pour assurer le service des ambulances, le harnachement et le ferrage des chevaux, le gonflement des ballons et les transports de toute nature. En gare de Vassy l'intendant du 6me corps trouvant des wagonnets de chemins de fer à voie étroite, les mit sous séquestre à charge d'une amende de 25 mille francs à payer par la commune pour tout wagon qui disparaitrait.

Malgré toutes leurs exigences et toute leur sévérité les Allemands reconnaissent que la réquisition fut insuffisante à donner satisfaction à leurs besoins et il durent assurer leur ravitaillement par l'arrière. La réquisition ne put leur fournir que le tiers environ des choses nécéssaires.

Aussi eurent-ils recours à l'organisation de magasins pour la subsistance des troupes de passage ou en garnison dans les villes importantes.

Ces approvisionnements qui comprenaient même du tabac et des cigares durent être constitués et alimentés par toutes les communes comprises dans le ressort de ces magasins, qui furent organisés notamment à Nancy Ste Menehould, Verdun, etc., qui faisaient partie du Gouvernement général de Lorraine.

Le contingent de chaque commune fut fixé par le gouverneur général sur la proposition des directeurs d'étapes; les préfets les notifièrent aux maires ainsi que le délai imparti pour l'exécution; on leur indiquait en outre quels négociants pourraient fournir les marchandises demandées et quel prix devrait leur être payé. Les communes étaient en outre prévenues que faute de livrer en temps utile, des troupes seraient envoyées pour assurer le paiement d'une contribution équivalente, mais on les avertissait en outre que cet équivalent serait calculé à des prix très élevés.

«Le terme de livraison, dit un ordre militaire prussien étant échu, les communes de l'arrondissement de Châlons qui n'ont pas effectué le paiement de toutes les réquisitions sont ordonnées «de» payer le reste au comptant selon le tarif ci-après, sous peine d'exécution militaire:

1 kil. de pain, 0,60, de farine 0,50, de bœuf (poids vivant) 1,60, de porc 2,50, de lard 5 f., de riz 1,10, de café 8 f., 1 litre de vin 1,15, 1000 cigares 75 f., 1 quintal d'avoine 26,50 etc.

A titre d'amende, les Allemands ont infligé des contributions qui se sont élevées de 12 f. dans les campagnes à 60 et même 75 f. dans certaines villes.

B) Expédients employés par les Allemands pour se procurer de l'argent. — Un emprunt émis du début de la guerre à 88 fr. remboursable à 100 fr. et produisant 5 0/0 d'intérêts n'avait donné que 64 millions de thalers au lieu des cent millions demandés. Aussi la guerre se prolongeant, les caisses de l'armée étaient-elles vides. Le ministre des finances Camphausen ne voulait pas demander d'argent au Reichstag, et n'espérait pas en obtenir davantage du Landtag ; aussi conseillait-il au comte de Bismarck de recourir aux contributions et aux réquisitions. Mais celui-ci (est-il dit dans les Mémoires de Bush, secrétaire particulier du comte pendant la guerre, p. 451) estimait que les réquisitions ne donnaient rien. Aussi dut-on employer tous les moyens, recourir à tous les expédients pour se procurer de l'argent comptant.

Dès le mois de septembre 1870 les Allemands substituèrent à tous les impôts directs et indirects une contribution unique calculée d'après :

1° Le montant des contributions directes fixé par les conseils d'arrondissement pour l'année 1870.

2° La moyenne des contributions indirectes, droits de timbre, enregistrement, etc., payés par chaque commune pendant les années 1867, 1868, 1869. Le montant de cette contribution unique était notifié mensuellement au maire qui devait la répartir entre ses administrés, en toucher le montant par douzième et d'avance et le verser au maire du chef-lieu de canton. Celui-ci devait à son tour se libérer avant le 10 à la caisse générale prussienne établie au chef-lieu de chaque département des sommes ainsi centralisées. Pour stimuler le zèle des administrateurs français une remise de 3 0/0 était accordée aux maires des communes et de 1 0/0 au maire du chef lieu de canton. Ces mesures produisirent 68 millions. Les contributions qui donnèrent 311 millions étaient infligées pour les motifs les plus singuliers et notamment pour punir l'expulsion prononcée contre les Allemands établis en France, ou pour l'amélioration de la solde ou de l'ordinaire des officiers prussiens !

Mais à côté de ces modes presque légitimes de remplir les caisses de l'armée on peut noter quelques procédés tout à fait extraordinaires.

Par exemple, en échange d'une promesse de trois mois de crédit, sous la réserve de fournir une caution solidaire, ils invitèrent les industriels de Lorraine à acheter leur charbon aux mines royales de Sarrebruck. Ils firent importer d'Allemagne du tabac et des cigares et pour en assurer l'écoulement, ils imposèrent aux habitants l'obligation de fournir journellement cinq cigares par officier et 60 grammes de tabac par homme.

Enfin le besoin d'argent était tellement impérieux que les Préfets prussiens invitèrent les communes à se syndiquer, en l'absence de conseils généraux pour se libérer des contributions imposées au département et, — car l'intérêt ne perd jamais ses droits — on leur conseillait de contracter un emprunt départemental garanti solidairement par toutes les communes, emprunt que des banquiers allemands auraient consenti au taux rénumérateur, pour employer une indulgente expression, de 10 0/0 l'an. En échange d'une reconnaissance de dette de 100 mille francs, remboursable en 15 ans, les banquiers allemands devaient remettre 75,000 francs. Cette proposition échoua et les préfets se contentèrent de billets signés de notables en possession d'un crédit reconnu.

Un dernier exemple montrera combien était âpre cette pénurie d'argent : on consentait une remise d'un douzième à toute commune qui payait ses impôts ou contributions le 1er du mois.

C/ Mesures coërcitives destinées à assurer le recouvrement des contributions. — Pendant la campagne de France les Allemands ont eu recours pour assurer leurs recouvrements à des amendes et à l'exécution militaire.

Les amendes étaient en général de 5 0/0 de la valeur de la réquisition en nature ou de la somme d'argent due, et cela par jour de retard.

Si le retard dépassait 8 jours, on procédait à l'exécution militaire. Voici en quoi consistait ce mode de répression. Des troupes occupaient la commune, elles étaient logées et nourries chez l'habitant. La commune devait payer en général une indemnité quotidienne de 6 francs par officier, 4 francs par sous-officier et 2 francs par solda' jusqu'à complète exécution de la fourniture ou complet paiement de la somme. Le commandant de la troupe a toute initiative pour ordonner les moyens de coërcition qu'il jugera convenables, citons parmi les plus usuels : l'emprisonnement des membres de la municipalité et des notables, occupation des maisons des habitants les plus riches jusqu'à ce qu'ils aient payé la contribution imposée à la commune.

Le 1er mars, après les préliminaires du traité de paix par conséquent, la ville de Saint-Dizier se vit réclamer 20.340 francs d'impôts ; elle voulut résister, l'autorité prussienne répondit qu'il fallait sur l'heure se conformer à l'ordre reçu, faute de quoi il serait procédé à l'exécution militaire : arrestation de 12 notables, garnisaires dans les principales maisons et enlèvement de marchandises et de bestiaux jusqu'à concurrence de 20.340. La ville s'exécuta.

Malgré cela, les privations des Allemands furent grandes et leurs règlements militaires en instruisent le soldat, en ajoutant que la prochaine guerre leur réserve des souffrances auxquelles nulle force humaine, nulle organisation n'a le pouvoir de soustraire même le soldat vainqueur séjournant dans un pays riche.

Aussi les Allemands se montraient-ils impitoyables et nulle phrase ne saurait mieux dépeindre leur état d'esprit que cette réponse de l'autorité prussienne à la municipalité de Reims se plaignant d'être écrasée sous le poids des contributions :

« Je comprends bien que votre position est critique, je le sais, mais la nôtre l'est tout autant : Depuis 60 ans, nous payons les dettes contractées par nous quand nous avons eu le malheur d'avoir des troupes françaises à Berlin. Faites comme nous, — faites des dettes ! »

§ 3. — Guerre Sino-Japonaise. — On sera peut-être surpris de constater que la récente guerre Sino-Japonaise nous a fourni un exemple admirable de stricte application des lois de la guerre. On est confus de voir un peuple que l'on se représentait à demi barbare prendre ainsi le pas sur toutes les nations civilisées; l'étude des réquisitions au cours de la guerre de Chine va former un contraste complet avec le chapitre consacré à la guerre franco-allemande.

L'honneur de ces sages prescriptions revient au maréchal Oyama, un des hommes qui ont le plus contribué à introduire le droit de la guerre au Japon et aussi à M. Nagao-Ariga dont nous avons déjà cité le nom et qui est professeur de droit international à l'Ecole supérieure de guerre de Tokio.

Le maréchal Oyama était chargé d'une mission militaire en France au moment où éclata la guerre de 1870; il fut ainsi le témoin des exactions allemandes et put apprécier le bien-fondé des critiques soulevées par ces violations permanentes des principes d'humanité. Aussi chargé de l'organisation de l'armée japonaise il s'efforça de lui donner les lois que le monde civilisé réclame, et il y a réussi.

Sans diminuer le mérite de l'armée japonaise, il est seulement permis de faire remarquer qu'elle s'est trouvée dans des conditions particulières. Aucune répression n'a été nécessaire. Si l'attitude des Chinois avait été différente, si les Japonais avaient eu à se défendre contre un mouvement national aussi formidable que celui qui souleva la nation française en 1870, il est permis de se demander si la nécessité de vaincre n'aurait pas amené les Japonais à appliquer plus strictement le *Kiegs'raison*. Les troupes excitées par les privations, résultat de toute guerre longue, se seraient montrées peut-être plus exigeantes, l'exemple de Port-Arthur le prouve. Quoiqu'il en soit les Japonais auront eu la gloire d'appliquer les premiers les lois de la guerre que des nations plus civilisées savent oublier lorsque leur intérêt le commande.

Aussitôt que la deuxième armée d'expédition eut débarqué en Chine, le maréchal Oyama rendit une instruction pour prohiber au même titre que le pillage, les réquisitions faites sans autorisation.

En voici quelques extraits : « La réquisition des objets nécessaires à l'armée envahissante sur le territoire de l'ennemi est un droit reconnu par toutes les nations; mais ce droit appartient à l'armée et non aux individus isolés... En conséquence il est strictement défendu à tous de mettre la main arbitrairement sur les biens des habitants du territoire ennemi, c'est-à-dire sans se conformer aux règles établies à ce sujet. Quand un individu isolé aura besoin de demander un objet en dehors des besoins de l'armée, il devra l'acheter après entente avec son propriétaire, sans user de menaces sous peine de châtiment » (1).

La première armée paya même parfois le logement de ses soldats.

La loi relative aux réquisitions militaires est celle qui a été le plus fidèlement observée pendant la guerre

(1) Nagao-Ariga, p. 119.

sino-japonaise. Le droit d'ordonner des réquisitions est attribué au chef de toute unité indépendante; son exercice fut réglé dès le début de la guerre par une instruction rédigée par M. Nagao-Ariga.

Conformément aux usages généralement adoptés les réquisitions ne pouvaient avoir lieu que pour les objets nécessaires à l'existence de l'armée, le logement, les moyens de transport.

Le commandant de l'armée pouvait seul ordonner des réquisitions d'une autre nature, ainsi que les contributions. Celles-ci pouvaient être imposées seulement lorsque les denrées faisant défaut dans le pays où la réquisition était faite, on était obligé de les demander ailleurs; dans ce cas il fallait recourir à l'achat au comptant et si l'argent comptant faisait défaut, les requérants étaient autorisés à donner un reçu contenant les nom et fonction de l'ordonnateur, la nature, le poids et le prix de l'objet, la date de la réquisition et un numéro. — Le reçu devait être fait en double (1).

Enfin pour répartir les réquisitions entre les habitants du pays on devait tenir compte de leur fortune et dans ce but on pouvait contraindre les fonctionnaires locaux à prêter leur concours.

Exécution des réquisitions. — L'exécution des réquisitions militaires fut réalisée d'une manière très-satisfaisante. Jamais on n'eut besoin de requérir du numéraire; on n'eut pas lieu d'imposer des amendes et presque toutes les réquisitions furent payées comptant. Deux fois seulement on donna un reçu à cause de l'in-

(1) Id. 161.

suffisance du numéraire. On voulait engager les Chinois, habiles à dissimuler leurs ressources à cause de la rapacité de leurs fonctionnaires, à apporter d'eux-mêmes les denrées nécessaires.

Mais l'exercice du droit de réquisition fut surtout entravé par la fuite des populations. L'armée trouvait bien les objets indispensables à ses besoins, mais elle ne put souvent en découvrir les propriétaires, et par conséquent elle ne put s'acquitter entre leurs mains. Au moment du débarquement à Ha Eu-Ko, on afficha un avis faisant connaître au peuple chinois que l'armée japonaise avait l'intention de payer les objets qu'elle employait, mais que les habitants s'étant enfuis ou cachés, on ne trouvait personne à qui remettre l'argent. « En conséquence, nous faisons connaître à tous, que si les propriétaires de ces objets demandent plus tard le paiement par l'entremise des autorités locales, en déclarant la nature ainsi que la quantité et le poids des objets, ils seront remboursés après une enquête. Sachez que notre armée pratique la justice et sauvegarde le droit de propriété du peuple » (1).

De tels sentiments d'honnêteté sont faits pour surprendre, et il ne faut pas s'étonner de ce que les Chinois ont essayé d'abuser de la loyauté de l'armée japonaise. Le prix des denrées fut augmenté de façon si anormale que l'autorité militaire se vit dans l'obligation d'établir un tarif, mais vraiment on ne saurait voir là une infraction aux lois de la guerre.

(1) Nagao-Ariga, p. 163.

APPENDICE

§ 1. **Les neutres doivent-ils être soumis aux réquisitions en nature et en argent?** — On est généralement d'accord pour faire à cette question une réponse affirmative.

En 1870, les jurisconsultes anglais, déclarèrent « que les sujets anglais ayant des propriétés en France, n'avaient pas droit à une protection particulière pour leurs propriétés ou à l'exemption des contributions militaires auxquelles ils pouvaient être astreints, solidairement avec les habitants de l'endroit où ils résidaient, ou bien où leurs propriétés étaient situées et qu'ils n'avaient non plus, en toute justice, aucune raison de se plaindre des autorités françaises parce que leurs propriétés étaient détruites par une armée française. (1)

Plusieurs réclamations furent adressées, pendant cette guerre, à lord Granville. Des familles anglaises qui avaient hissé sur leurs habitations le drapeau national, avaient eu à supporter les mauvais traitements des soldats prussiens. Lord Granville répondit que l'on pouvait seulement signaler ces faits au gouvernement allemand qui les réprimerait comme délits militaires et pourrait peut-être accorder une indemnité, mais il se refusa à la demander lui-même.

Cette opinion nous paraît justifiée. Celui qui trans-

(1) Calvo, T. 3, p. 227.

porte son domicile dans un pays étranger, se confie aux lois de ce pays et doit, dans une certaine mesure, en partager la bonne et la mauvaise fortune. Les nécessités de la guerre rendent d'ailleurs impossible une enquête qui aurait pour but de déterminer la nationalité des personnes soumises à la réquisition. Nous pensons donc que les sujets étrangers domiciliés dans un territoire occupé participent au paiement des contributions imposées, sont soumis à toutes les réquisitions quelle qu'en soit la nature : réquisition de vivres, de logement, d'objets de campement, de moyens de transports.

Ce dernier mode de réquisition donne naissance à un cas particulier qui mérite discussion.

§ 2. Droit d'angarie et de préemption. — L'occupant a besoin pour opérer ses transports de tous les véhicules disponibles. On ne fait aucune difficulté pour lui reconnaître, par exemple, le droit d'employer à son usage les wagons appartenant à des sociétés étrangères et stationnés sur le territoire occupé.

On lui reconnait aussi le droit de saisir, pour les utiliser, les navires ancrés dans un port ou dans un fleuve et les marchandises qu'ils portent.

Ce droit est désigné dans la doctrine sous le nom de droit d'angarie. Son étude trouve sa place dans un travail sur la propriété privée continentale, car il ne s'agit pas ici de navires capturés en pleine mer, mais immobilisés dans des rades ou des ports, attachés pour ainsi dire au sol lui-même et qui sont saisis sans combat.

Le droit d'angarie consiste, dit Philimore, (1) en ce

(1) Cité par Calvo, T. III, p. 326.

qu'une puissance belligérante requiert et emploie des navires étrangers, et force les équipages à transporter des troupes, des munitions ou des instruments de guerre.

On comprend l'importance de ce droit : le commerce neutre est troublé, arrêté même, car un armateur ne s'exposera pas volontiers à voir ses navires et ses marchandises saisies avec seulement l'espoir d'une lointaine indemnité.

Aussi ce droit est-il combattu par une partie de la doctrine. Massé, (1) accepte le droit d'angarie comme résultant de l'usage. Heffter l'admet aussi, mais dans le cas d'urgente nécessité seulement, Hautefeuille (2) au contraire le repousse.

Le droit de préemption est un prolongement du droit d'angarie. Il consiste pour l'Etat dans le droit de disposer des marchandises contenues dans les bâtiments ancrés dans les ports, au mépris des droits des particuliers qu'il estime devoir s'effacer devant le sien. Tout le monde reconnaît qu'une indemnité est dûe au cas d'angarie ou de préemption. Certains auteurs même (Calvo, *loc. cit.*) la voudraient préalable, mais cette exigence ne se conciliera pas toujours avec les nécessités de la guerre, cependant elle est rationnelle, car c'est une véritable expropriation. L'indemnité sera toujours à la charge de l'occupant et si à la conclusion de la paix elle n'a pas été réglée, l'Etat vainqueur ne pourrait obliger les réquisitionnés ou leur gouvernement à s'adresser au vaincu.

(1) Massé, loc. cit., T. I, p. 329; Heffter, § 150, 4°.
(2) Hautefeuille. Droits et devoirs des neutres. Tit. XIV.

M. de Bismarck avait essayé, en 1871, de faire accepter cette dernière solution, mais il abandonna cette prétention. Il est juste de dire que le ministre prussien eut le soin de déclarer que le droit international l'autorisait à laisser à la charge de la France le règlement de l'indemnité réclamée par des sujets anglais. « Mais il estimait trop l'amitié de l'Angleterre pour accepter cette interprétation du droit et il préférait en adopter une qui répondît aux vœux de Sa Majesté Britannique et donnât pleine satisfaction au peuple anglais. »

Nous trouvons dans ce qui précède une preuve de plus que le principe que la guerre se fait d'État à État est loin d'être vrai dans toutes ses conséquences. S'il était vrai que les particuliers fussent hors des atteintes de la guerre ils seraient, sans distinction de nationalité, tous traités comme des neutres. Or, tandis que le principe de l'indemnité est mis par toute la doctrine à la charge de l'occupant au cas de dommage causé à des sujets étrangers, il est au contraire reconnu que l'occupant n'est pas obligé de réparer le dommage causé par les réquisitions aux nationaux du pays occupé.

Et cependant au regard du droit des gens, les uns et les autres sont des neutres.

Le droit d'angarie se limite-t-il au droit d'usage, de saisie du navire, ou va-t-il jusqu'à en autoriser la destruction.

Cette question se réfère à un conflit soulevé entre l'Angleterre et la Prusse, pendant la guerre de 1870, et qui est rapporté par Calvo (*loc. cit.*). Les troupes prussiennes, qui occupaient Rouen, s'emparèrent de six navires anglais, mouillés dans la Seine. Malgré les protestations des capitaines de ces bâtiments contre l'outrage fait à leur pavillon, les hommes d'équipage furent contraints de débarquer et on creva le pont des navires qui furent coulés en travers du fleuve.

Le gouvernement anglais protesta et le comte de Bismarck répondit par une lettre dans laquelle il invoquait le droit d'angarie et les nécessités de la guerre. Il reconnaissait en outre qu'une indemnité était due. Pour nous, il était inutile d'invoquer le droit d'angarie; il suffit de lire la lettre du fonctionnaire préposé à la préfecture de la Seine-Maritime, pour être convaincu que la destruction de ces navires ne violait pas le droit des gens. On y lisait que « le coulage des navires était la conséquence de la fermeture du cours de la Seine ; que ces mesures avaient été ordonnées par l'autorité militaire après que des navires français se fussent avancés du Havre jusqu'à Duclair et comme pour la fermeture il ne pouvait être employé que de grands navires, la saisie des bâtiments en question était inévitable. »

De son côté, le commandant de la division militaire expliquait qu'on avait donné l'ordre de saisir tous les navires qui se trouvaient à Duclair; que cette mesure était nécessaire parce que si l'on avait annoncé une saisie de navires à la mairie de Rouen, il est probable que tous les bâtiments prévenus à temps seraient allés au Havre; que tous les navires qui avaient été saisis avaient hissé pavillon neutre; que dans des circonstances si pressantes on n'avait pu à l'aide de perquisitions s'assurer jusqu'à quel point il couvrait des navires appartenant à la nationalité dont ils se réclamaient, surtout quand ces navires se trouvaient situés entre les deux parties belligérantes; qu'on s'était borné à couler les navires qu'il était utile de couler et que onze avaient été coulés dont sept anglais.

Ces raisons étaient assez sérieuses en elles-mêmes,

et point n'était besoin d'invoquer le droit d'angarie, qu'elles outrepassent manifestement à notre avis.

Mais cette destruction se justifie par les nécessités de la guerre, par l'utilité incontestable pour l'armée allemande d'interdire le cours de la Seine aux canonnières françaises.

CHAPITRE V

DES CHEMINS DE FER

§ 1 Généralités. — L'étude de la condition des chemins de fer en temps de guerre, mérite d'occuper dans ce travail une place à part justifiée par l'importance de cette branche de l'industrie des transports au point de vue international.

Les chemins de fer forment un système de communications qui est un des éléments les plus importants de la fortune publique des Etats et de la fortune privée de leurs ressortissants. Que la propriété de ces immenses exploitations appartienne à l'Etat ou qu'elle soit répartie entre les particuliers l'intérêt économique est le même. Propriété publique, les chemins de fer sont une des grandes administrations de l'Etat; propriété privée ils appartiennent à des compagnies dont les associés sont innombrables et dont les titres entrent dans la composition de la plupart des patrimoines. En outre l'exploitation des chemins de fer a donné naissance à un nouvel intérêt international. Pour la satisfaction des besoins et des combinaisons commerciales, les compagnies des pays limitrophes ont établi entre elles un système compliqué de correspondances. Parfois pour éviter aux voyageurs et aux marchandises l'ennui et les dangers d'un transbordement, des trains entiers franchissent la frontière; les compagnies de divers pays en usent entre elles comme les compagnies des divers réseaux d'un même état Les voyageurs et les colis circulent avec la plus grande facilité d'un pays à un autre grâce à la création des voyages circulaires et des colis postaux internationaux. En dehors de ces détails de correspondance ou de concordance on peut dire que «par force majeure presque,» les compagnies forment un immense réseau international; cet organisme qui est surtout en apparence, un organisme spécial à chaque état, «commence à devenir de plus en plus une partie essentielle de la grande communauté des Etats de l'Europe.» Les compagnies s'abouchent, les réseaux se complétent et forment ainsi un vaste système dont toutes les parties indépendantes sont cependant solidaires. «Chaque système territorial est tellement solidaire de tous les autres que le moindre dérangement se fait sentir dans toute l'Europe. . . Il existe une nouvelle science des chemins de fer dont la littérature est déja fort riche et nous pensons que dorénavant toute question de chemin de fer qui ne sera pas purement technique et administrative sera traitée par la science nouvelle comme une question européenne.» (1) Il est facile d'imaginer les immenses avantages pratiques qui ont dû résulter dans l'état de choses spécial qui nous occupe, de cette expansion des chemins de fer. En outre de leur caractère territorial ou local ils ont développé comme le fait remarquer M. de Stein un deuxième caractère qui est international. Ce n'est pas seulement en vertu de ce caractère que le droit des gens s'occupe d'eux, mais c'est surtout à cause de la grande importan-

(1) L. de Stein — Ann. d. I. 1886. T. 8. p. 180

ce qu'ilssont susceptibles d'acquériren temps de guerre Sans nous occuper encore de savoir si les chemins de fer constituent un moyen de guerre, à ne les considérer que comme des moyens de transport, les chemins de fer sont soumis aux réquisitions comme les chevaux et les véhicules. Mais ce droit de réquisition est d'une nature particulière qui entre autres causes trouve son origine dans les actes de concession des voies ferrées à des compagnies particulières, aussi a-t-il paru opportun de l'étudier sous une rubrique spéciale. En dehors même de toute autre considération l'importance de la question nous faisait un devoir de l'examiner d'assez près. Quelques exemples vont nous donner une idée du rôle que les chemins de fer sont susceptibles de jouer en temps de guerre.

C'est en 1849 lors de la première expédition du Slesvig-Holstein que pour la première fois les chemins de fer furent employés au transport des armées. Depuis, leur utilité apparait tous les jours plus grande au point de vue de l'attaque ou de la défense. Ils ont été employés dans toutes les guerres de l'Europe depuis 1849.

Quelques chiffres: (1) En 1870, la compagnie française de l'Est forma en 10 jours et 6 heures, 594 trains par lesquels furent transportés à la frontière 186.260 hommes, 82.410 chevaux, 3.162 voitures et 995 wagons de munitions. L'issue de la bataille de St Quentin fut décidée par l'arrivée de renforts s'élevant de 15 à 20 mille hommes, transportés de Rouen, de Péronne, d'Amiens, de Ham, de Laon, de la Fère, de Beauvais et de Paris.

Du 27 Oct. 1870, 7 heures du matin au 28, 9 heures du

(1) Empuntés à M. Jacqmin. Les chem. de fer, pend. la guer. 70-71 p. 119, 169, etc.

soir 28.000 hommes d'infanterie furent amenés de Salbrés en Sologne, près de Blois, c'est à dire de la rive gauche de la Loire sur la rive droite sans que les Allemands aient pu s'en apercevoir. Au mois de Nov. 40 mille hommes sous les ordres du Gal Crouzat, se rendirent en 3 jours sur 88 trains de Besançon à Gien, l'état-major allemand n'en fut averti que lorsque ce corps d'armée fut arrivé à destination (1).

Les chemins de fer ne rendent pas seulement des services pour la concentration des troupes. La prévoyance des chefs a encore organisé des convois de nourriture, des magasins, des trains de blessés, des hôpitaux roulants comme on les appelle parfois.

Leur importance est telle qu'il était de toute nécessité que le droit des gens se préoccupât de leur condition.

Les solutions proposées ne sont pas encore définitives. Les divers projets de codification, celui de Bruxelles, d'Oxford, de Blunstchli, consacrent quelques lignes seulement à cette question. Aussi en 1885, M. de Stein présenta à l'Institut de droit international un rapport sur le droit international des chemins de fer. Une commission d'étude fut nommée qui réduisit le projet en articles de loi. A la session de 1887, on ne s'en occupa pas et en 1888, sur les conclusions de M. Moynier le projet fut rejeté (2), et une nouvelle commission nommée, qui n'a pas encore terminé ses travaux.

C'est donc sur une question à l'ordre du jour et dont la réglementation est encore incertaine que nous avons

(1) Von der Goltz. La nation armée, trad. Jaeglé p. 231.
(2) Voy. Ann. et revue, D. I. 1888, p. 406.

à nous expliquer. Nous devons pour le faire résumer les idées exposées par MM. de Stein, Moynier et Buzzati.

Rappelons d'un mot que la propriété publique mobilière de l'Etat située sur le territoire occupé passe sous la puissance de l'envahisseur qui a seulement l'usufruit des propriétés immobilières.

La propriété privée au contraire est inviolable sous le bénéfice des exceptions déduites plus haut et notamment dans le cas où elle pourrait être employée aux fins de la guerre.

C'est en vertu de cette dernière exception que, parmi les moyens de transport les chemins de fer sont soumis à un droit particulier. Leur fonction est en effet double : puissants auxiliaires du commerce et de la civilisation ils deviennent avec les circonstances les agents de la destruction et de la mort. Ils permettent les concentrations rapides des troupes, des munitions, des approvisionnements, et à ce titre ils sont des moyens de guerre.

Que signifie exactement cette expression, quelle en est la portée? Cette locution désigne d'une manière générale tous les objets qui peuvent concourir dans une mesure quelconque à la fin de la guerre. De ce nombre seront en première ligne les armes, les fortifications, les magasins de munitions dont la destination spéciale est évidemment la guerre. Mais certaines catégories de choses peuvent devenir occasionnellement des moyens de guerre, bien que leur destination primitive soit autre.

Les armes, les munitions, en un mot les moyens de guerre proprement dits tombent en la puissance de l'ennemi d'une manière définitive au moins lorsqu'ils sont propriété publique; ils peuvent être saisis, utilisés et restitués dans l'état où ils se trouvent, sans indemnité lorsqu'ils appartiennent à des particuliers.

En sera-t-il de même pour les moyens de guerre intermittents? On l'a soutenu et on le soutiendra encore puisque la controverse est encore pendante. Toutefois la négative sera probablement adoptée.

Donc notre solution est ainsi limitée. Le matériel des chemins de fer a une trop sérieuse importance internationale pour être assimilé aux moyens ordinaires de transport et d'autre part, il est trop dangereux de laisser à l'envahi la libre disposition d'un si puissant agent de résistance.

Aussi a-t-on établi au sujet des chemins de fer un droit propre qui reste en deçà des limites fixées par les règles appliquées aux moyens de guerre et qui va au delà du droit ordinaire de réquisition.

Le matériel sera donc utilisé moins en vertu du droit de réquisition que d'un droit de séquestre, de saisie ou si l'on veut éviter les dangers d'une définition, d'un droit *sui generis*.

Nous pensons que l'utilité des chemins de fer suffit à expliquer ces dérogations au droit commun et que c'est simplement par raison pratique que ces extensions ou ces restrictions sont proposées. Mais une part de la difficulté est dûe aussi à la nature du droit de propriété des chemins de fer qui varie à l'infini.

Les uns sont la propriété de l'Etat qui les a construits et les exploite. D'autres appartiennent à des compagnies privées qui les ont construits et les exploitent, comme en Angleterre, ou encore les chemins de fer ont été construits par l'Etat qui en a concédé l'exploitation à des Compagnies propriétaires du matériel roulant. En France notamment l'Etat est propriétaire de la voie proprement dite, de l'infra-structure, les Compagnies doivent faire construire à leurs frais le matériel roulant.

En Italie au contraire, les chemins de fer sont placés sous un régime de convention par lesquelles l'Etat cède à des compagnies l'exploitation des lignes. Dans d'autres pays, l'Etat sert à des sociétés une subvention annuelle et kilométrique pour la construction et l'exploitation des voies ferrées.

Dans tous les cas l'Etat se réserve le droit d'user à son profit des chemins de fer pendant cette période de préparation nouvelle dans l'histoire de la guerre, et qui est née des circonstances : la mobilisation.

L'art. 26 de la loi française du 26 juin 1876 dit expressément : « en cas de mobilisation ou de guerre les compagnies de chemins de fer mettent à la disposition du ministre de la guerre, tous les moyens nécessaires pour les mouvements et la concentration des troupes; un service de marches et d'étapes sera organisé sur les les lignes de chemins de fer par un règlement ministériel. » M. Buzzati cite de son côté les art. 280 et 281 de la loi italienne du 20 mars 1865.

La variété d'origine que nous avons signalée plus haut peut amener une diversité de règles, toutefois en général on distingue seulement les propriétés privées et les propriétés publiques; nous ne parlerons ici que des chemins de fer privés.

§. 2 Chemins de fer privés. — Le respect de la propriété ne peut aller jusqu'à laisser entre les mains de l'ennemi, un moyen d'action aussi puissant que les chemins de fer. (Von der Goltz). Les gouvernements attachent une telle importance à cette question qu'un Allemand à déjà dressé le tableau fort détaillé de l'organisation probable du service des chemins de fer des différentes armées. (Von der Goltz. p. 444). Il va sans dire que les dispositions sont prises en vue des besoins exclusifs de l'armée, et de la situation normale du théâtre dela guerre (*ibid.*) mais quelque étendus que soient les droits de l'occupant sur les chemins de fer, ils ne sauraient donner naissance à un véritable droit de butin. « La destination primitive et principale des chemins de fer, dit M. Morin, (1) est pour le voyage et le commerce, bien plus que pour le transport des armées, s'il y a une utilité accidentelle dans la guerre ce peut être une cause de réquisition. Mais jamais le droit de réquisition pour les moyens de transport ne va jusqu'à celui de butin. » Sauf dit M. de Stein si le convoi transporte des munitions ou des armes : il peut dans ce cas être confisqué même si la compagnie n'a agi que sur l'ordre d'un des belligérants qui serait alors responsable du dommage causé à la compagnie, (art. 15-16), M. Buzzati trouve inopportune cette restriction et il cite à l'appui de son opinion l'art. 12-18 du règlement italien de service de guerre qui établit le droit de butin pour le matériel roulant appartenant à l'Etat mais non pour les chemins de fer privés même si le train sert directement aux opérations militaires; les art. 12-19 autorisent dans ce cas la prise de possession, sauf la restitution avec indemnité à la conclusion de la paix.

Cette prisede posssession doit toujours avoir lieu dans les formes ordinaires et chacun admet l'obligation de délivrer un reçu (art. 14 de Stein). Ces principes sont posés par Blunstchli (art. 645 *bis*), (2), mais comme

(1) Lois relat. à la guerre I. p. 412.
(2) D. de Butin en temps de guerre trad. arbr. Rol. Jacq. Rev. dr. I. 1877 p. 518.

cet auteur parait surtout préoccupé de la question de propriété des lignes après l'annexion du territoire qu'elles traversent, il donne peu de développement à sa solution. Revenant sur la question dans un autre ouvrage il déclare que la sécurité de l'occupant exige que pendant la durée des opérations de guerre il ait la disposition des chemins de fer à l'exclusion des particuliers ennemis, qu'une saisie provisoire est donc à la fois indispensable et juste, et il admet le principe contenu dans l'art. 6 de la déclaration de Bruxelles : Le matériel des chemins de fer est restitué et les indemnités réglées à la paix. (id. art. 55 Oxf rd).

Pour le motif que nous avons tout à l'heure indiqué, le Manuel de Droit International à l'usage de nos officiers est muet sur la question d'indemnité. « L'occupant est autorisé à prendre possession du matériel des chemins de fer qui appartiennent à des particuliers ou à des compagnies particulières. Il prive ainsi l'ennemi de ressources précieuses qu'il applique à son usage. Mais à la fin de la guerre il devra restituer le matériel saisi aux légitimes propriétaires. L'équité et son intérêt même lui imposent l'obligation d'en assurer l'entretien et la conservation pendant qu'il s'en sert. »

Cette obligation est aussi imposée par M. de Stein, (art. 15)

Pour sauvegarder le droit à indemnité, la réquisition devra être faite dans la forme ordinaire, un récipissé devra être délivré par l'occupant.

Le matériel sera restitué à la paix dans l'état où il se trouve et non comme le veut M. de Stein dans l'état où on l'a reçu, l'indemnité sera calculée d'après les règles ordinaires des dommages-intérêts, c'est-à-dire que l'on tiendra compte du *lucrum emergens* et du *damnum cessans*.

§ 3. Limite des droits de l'ennemi. — Nous avons vu que le chemin de fer avec tout ce qui s'y rattache sera protégé par son caractère idéal de propriété privée contre l'appropriation sans réserves de l'occupant. Celui-ci n'ayant qu'un droit d'usage ne pourra « ni le détruire, ni le vendre, ni le confondre dans ses registres avec son propre matériel roulant » (art. 11), mais « il en use librement pour tous ses transports; il a le droit de commander et de disposer pour tous les actes spéciaux de ce service, mais il ne se substitue pas au propriétaire de la ligne pour l'administration générale » (art. 8, de Stein). Ceci est juste en thèse générale mais il faudrait examiner de près les actes de concession.

De même l'occupant n'aura aucun droit sur le numéraire trouvé dans les caisses des chemins de fer privés.

M. de Stein dit encore (art. 13) que l'occupant devra faire servir strictement aux nécessités de la guerre les chemins de fer privés et non pas les utiliser pour son propre commerce. Calvo a accepté cette manière de voir. Mais cette opinion peut difficilement se soutenir, l'adopter serait énoncer une règle sans utilité pratique. Elle nécessite l'organisation d'un contrôle rigoureux sur la composition des convois, or, le plus souvent, l'occupant aura congédié les employés de la Compagnie concessionnaire seule intéressée ou les aura du moins placés sous la direction de militaires ennemis qui n'ordonneront aucune vérification.

Dans le cas même où l'exploitation aurait été conservée à la compagnie concessionnaire, il est difficile de concevoir que l'autorité envahissante puisse autoriser des pratiques qu'elle arriverait rapidement à considérer comme vexatoires. Cela même ne serait pas souhaitable, car il en résulterait des froissements inévitables entre les adversaires, dont l'occupé serait certainement le seul à souffrir, c'est ce que fait ressortir très bien M. Buzatti (loc. cit.) : « Cette règle ne saurait avoir en pratique aucune application ; comment pourra-t-on distinguer nettement si l'occupant fait usage des chemins de fer pour ses nécessités ou pour son commerce ?.... Lorsqu'on établit des règles qui doivent valoir pendant une guerre, on doit toujours tâcher, pour qu'elles puissent être d'une application pratique, de les rendre aussi peu compliquées que possible; autrement on obtiendra à la mise en pratique un effet contraire à celui qu'on désirait et la justice au lieu d'être respectée sera foulée aux pieds. Il sera beaucoup plus pratique et plus utile aux sociétés propriétaires de laisser faculté entière à l'occupant de se servir de leurs moyens de communications comme il le croira mieux et pour tout ce qu'il voudra, se réservant le droit d'indemnité complète. »

Pendant l'exploitation, l'occupant devra se conformer, nous l'avons déjà dit, aux tarifs existants. Il perçoit les produits dont il doit tenir un compte exact, à la fin de la guerre il devra restituer les sommes perçues; en outre, il ne peut faire sortir les wagons du territoire occupé, « et s'en servir pour son propre compte dans son pays ». Ce faisant : « il outrepasserait ses droits, car en dépouillant les chemins de fer occupés du matériel roulant, il viendrait embarrasser le commerce du pays occupé et lui causerait des dommages que ne pourraient justifier les nécessités de la guerre..., enfin il diminuerait par là considérablement les recettes de ce chemin de fer dont il est obligé de rendre compte exact à la conclusion de la paix. (Buzatti loc. cit.)

Ces règles sont relatives seulement à l'exploitation régulière des chemins de fer. Cela n'exclut pas pour l'occupant le droit d'incendier les gares, de faire sauter les rails, de détruire les wagons ou les locomotives dont l'usage pourrait être avantageux à l'ennemi. Mais ces actes justifiés par le droit de nécessité ne donneraient aucun droit à indemnité. Ainsi il est permis de soutenir que l'ennemi ne saurait être tenu d'indemniser les compagnies quand l'acte de concession réserve à l'Etat la propriété de la voie par exemple. Ce serait indemniser indirectement l'Etat d'un dommage que les lois de la guerre mettent à sa charge. Mais il faudrait donner dans cette matière une solution particulière à chaque cas particulier.

Si un pays est occupé, au sens juridique du mot, et que l'envahisseur ait su y maintenir l'ordre comme c'est son devoir, il pourra se proposer dans son intérêt et dans celui des populations placées sous son administration temporaire, de rassurer le commerce, l'industrie, de rétablir en un mot l'apparence de la paix. On comprend qu'il préfère assurer par lui-même le service si important des chemins de fer, mais le principe de l'inviolabilité de la propriété privée lui fait un devoir d'administrer au nom et au profit du véritable propriétaire.

E. Les Allemands pendant la campagne de France, surent utiliser les chemins de fer. Toutes les gares situées sur le territoire envahi furent occupées par eux. Les divers chemins de fer français furent divisés en cinq directions formées chacune d'une commission d'exploitation de trois membres. Les agents subalternes étaient tantôt des Allemands, tantôt des Français, que l'on avait essayé de conserver en employant soit la persuation, soit la violence, et jusqu'à la menace de la Cour martiale (Jacqmin loc. cit. p. 233). En outre des troupes étaient réparties dans les gares et les maisons des garde-barrières, des patrouilles parcouraient incessamment la voie, de façon à rendre impossible toute surprise et toute destruction des rails.

D'après M. Jacqmin (p. 258), l'autorité allemande, qui s'était réservé l'exploitation commerciale des chemins de fer et qui transportait aussi les voyageurs lorsque les circonstances le permettait, l'autorité allemande n'avait pu saisir que 4.000 wagons français; elle avait en outre retenu 1.400 wagons de la compagnie de l'Est qui étaient en Allemagne lors de la déclaration de guerre, aussi, avait-elle dû faire venir sur nos lignes plus de 16.000 wagons allemands. Les chiffres donnés par Calvo qui évalue à 15.000 le nombre des wagons français emmenés en Allemagne au mépris des lois de la guerre sont donc exagérés.

Le gouvernement allemand avait déclaré en prenant possession du matériel des compagnies françaises qu'un compte exact leur serait rendu de l'exploitation faite en dehors d'elles mais en leur nom. Aussi, à la fin de la guerre, des réclamations nombreuses furent-elles soulevées. Diverses conventions furent passées à ce sujet; la convention de Ferrières, du 9 mars 1871, nomma une commission mixte, chargée d'opérer la liquidation et d'arrêter le compte des sommes revenant à chaque réseau.

Mais si le gouvernement allemand a observé dans ce cas les règles qu'il s'était fixées, il est manifeste qu'il a violé le droit en entrainant en Allemagne de nombreux wagons français.

Aussitôt après l'armistice les compagnies retrouvèrent la libre disposition de leur matériel et le gouvernement Allemand donna des ordres pour la restitution des wagons qui se trouvaient sur son territoire. « Ces ordres furent méconnus dit Calvo, car le 19 oct. 1871, les compagnies n'avaient reçu que la portion de leur matériel la plus détériorée et hors de service et les particuliers détenteurs des wagons et des locomotives emmenés en Allemagne continuaient à détenir ce qu'ils avaient indûment employé pour les besoins de leur trafic privé, et refusaient de remettre aux agents chargés d'en prendre livraison, les débris tels que ferrures, roues, ressorts etc, provenant du matériel dont ils s'étaient servis. Quant aux comptes de la période de séquestre, la liquidation n'en était pas commencée encore à cette époque (1) »

Cette liquidation fut l'œuvre de la commission mixte dont nous venons de parler.

Calvo (loc cit) I. 3 p. 221.

CHAPITRE VI

DE LA RESPONSABILITÉ DE L'ÉTAT

§ 1 Généralités,— L'occupant qui ordonne une réquisition doit nous l'avons dit, remettre un reçu à l'habitant qui lui délivre les fournitures exigées. Ce reçu réserve un droit éventuel à une indemnité, sans que personne soit obligé par le droit des gens à payer cette indemnité. Nous voudrions établir dans ce chapitre qu'il serait équitable de promulguer une loi interne mettant à la charge de l'Etat la réparation des dommages causés aux particuliers par le fait des réquisitions en nature et en argent.

Cette solution a été repoussée en France par l'Assemblée Nationale lors de la discussion de la loi du 3 septembre 1871. M. Thiers déclara expressément que les réquisitions n'avaient fait naître au bénéfice des habitants du territoire envahi aucune créance contre l'Etat, et que les sommes allouées aux victimes de l'invasion, le seraient à titre de simple secours.

« L'Etat envahi, disait-il, n'a pas ordonné les réquisitions, il n'en a tiré aucun profit, que dis-je, elles ont été dirigées contre lui, il doit donc demeurer étranger à toute question relative à leur réglement. » De plus, objectait-il, après une guerre malheureuse les finances de l'Etat sont obérées, ce serait les surcharger dans une effroyable proportion que de se reconnaître débiteur solidaire des dettes contractées par un adversaire qui abuse du droit du plus fort pour en négliger le paiement.

Cette opinion parait soutenable, toutefois l'opinion contraire doit à notre avis prévaloir. Nous avons déjà fait observer que parfois l'envahisseur trouvait son intérêt à payer comptant les fournitures réquisitionnées : si pendant une guerre ce procédé est fréquemment employé, il est certain qu'à la conclusion de la paix le vainqueur se fera restituer par le vaincu les sommes dépensées. Si, au contraire, les réquisitions n'ont pas été payées avec le produit des contributions pécuniaires prélevées sur le pays, l'Etat vaincu n'aura rien à rembourser à son adversaire qui n'ayant pas fait d'avances de fonds ne réclamera rien. Ne serait-il pas injuste et immoral que l'Etat envahi trouvât là une source de bénéfices et ne faut-il pas décider comme nous le demandons qu'il devra distribuer entre ses ressortissants lésés l'argent qu'il n'a pas eu à donner à son ennemi ?

J'estime que ce paiement constitue pour lui une obligation et non une faculté ; voici un autre argument à l'appui de cette manière de voir. L'envahisseur a remis à chacun des citoyens réquisitionnés un reçu qui est une véritable reconnaissance de dette, il pourrait donc s'il voulait se conformer aux règles du droit individuel, désintéresser lui-même ses créanciers et réclamer pour ce faire, la somme nécessaire à l'Etat vaincu. Jamais un vainqueur ne recourra à ce mode de procéder parce qu'il trouve plus commode de ne pas se préoccuper de ces détails fastidieux.

Mais parce qu'il néglige l'exercice de son droit parce-qu'il ne poursuit pas le paiement de sa dette, il n'empêche que celle-ci subsiste et il est permis de soutenir que les habitants d'un territoire envahi lésés par des réquisitions, peuvent agir vis à vis de l'Etat par une délégation tacite de l'ennemi. Les victimes des réquisitions ont donc selon nous une véritable créance contre le débiteur de leur débiteur à la fois négligent et hors de leur atteinte.

Adoptée, cette solution aurait au moins le mérite de respecter ces deux dictons que la guerre se fait d'Etat a Etat et que la propriété privée est inviolable. Faut-il rappeler encore à l'appui que les reçus délivrés par les officiers Allemands pendant la guerre portaient cette mention : « remboursable après la guerre par l'Allemagne ou la France. » Il nous semble que l'opinion en faveur qui fait supposer aux habitants des territoires occupés non-seulement les horreurs de l'invasion mais aussi ses charges, soit une injure au devoir de solidarité nationale et qu'il serait plus juste de reconnaître qu'en vertu de ce grand principe, l'Etat doit subir toutes les conséquénces de la mauvaise fortune de ses armes de même qu'il profite du succès de la guerre.

Cette théorie est conforme à l'équité et le refus de l'Assemblée nationale de la consacrer par une loi a eu des conséquences inattendues au sujet desquelles nous allons donner quelques détails.

Les lois des 6 sept. 1871 et 7 avril 1873, avaient accordé des indemnités aux victimes des pertes supportées pendant l'invasion. Ces indemnités furent données à titre de secours seulement, or, si nous admettons que l'Etat distribue des secours aux victimes d'une inondation ou d'une grêle, nous ne sommes plus assez mystiques pour considérer la guerre comme un fléau du ciel.

En outre les sommes ainsi consacrées à l'atténuation des préjudices considérables soufferts pendant la guerre, étaient insuffisantes et ne représentaient qu'une fraction des dommages constatés. Comme le plus souvent les Allemands avaient eu recours à l'autorité municipale pour pratiquer les réquisitions et que très fréquemment celles-ci avaient été imposées à quelques particuliers et non réparties entre tous les citoyens de la commune, les habitants lésés actionnèrent en justice les communes pour leur faire compléter le remboursement des dommages imparfaitement réparés par l'Etat

Les tribunaux appliquant la maxime : « Nul ne peut s'enrichir aux dépens d'autrui » condamnèrent d'après les règles générales de notre droit les communes à solder aux particuliers les réquisitions acquittées par ces derniers à la décharge des autres habitants.

Cette conséquence était certainement injuste. Il en est encore résulté qu'un grand nombre d'assemblées municipales, dont les finances avaient été déjà sérieusement compromises par la nécessité de fournir aux ennemis les réquisitions en argent, se trouvèrent placées par cette jurisprudence dans une situation critique; il serait nécessaire qu'une loi empêchât le renouvellement de ces injustices. La question étant circonscrite dans ce cercle, nous n'aurons pas de peine à constater :

1° Que les municipalités ont été frappées pour un seul motif : c'est que le véritable débiteur, c'est-à-dire l'Etat, échappait à l'action des tribunaux ;

2° Que les communes sont unies à l'Etat par les mêmes liens que les particuliers aux communes ;

3° Qu'en conséquence les principes fondamentaux de notre droit, qui ont fait accueillir les demandes des intéressés contre les communes, rendent nécessaires d'admettre le recours de celles-ci contre l'État, à raison des sommes versées pour le compte de la nation ou tout au moins de les délivrer d'une responsabilité qu'elles ne peuvent encourir ;

4° Qu'une solution contraire serait non-seulement en contradiction avec l'esprit d'ensemble de nos codes, mais encore avec les lois adoptées depuis la guerre.

5° Que l'adoption de ces idées ne pourrait entraîner pour le budget qu'une obligation qui n'a rien d'excessif et qu'il est impossible de repousser à juste titre.

Un exposé rapide et succinct de la législation et de la jurisprudence établie au sujet des dommages de guerre, prouvera, du reste, combien il serait opportun de prendre la mesure législative que nous demandons.

§ 2. Législation. — Parmi les textes législatifs édictés au sujet des charges imposées aux habitants des 34 départements envahis et sur les moyens fournis par les lois pour les soulager, nous citerons :

1° La loi du 11 août 1792 qui pose en principe la responsabilité de l'État pour indemniser des pertes qu'elles ont subies les victimes de l'invasion étrangère.

2° La loi des 14 et 16 août 1793 proclamant d'une manière absolue la solidarité nationale en ce qui concerne les désastres nationaux ;

3° La loi du 16 avril 1816, moins libérale en apparence, accordant 100 millions d'indemnités, qui joints aux 40 millions donnés par le roi sur sa cassette, formaient une somme très élevée eu égard à la situation bien difficile des finances publiques en ce moment et aussi à l'importance des dommages qu'il fallait réparer ;

4° Enfin le projet présenté par M. Claude (de la Meurthe) et plusieurs de ses collègues le 7 mars 1871, dont le titre indiquait nettement qu'il s'agissait de « faire supporter par toute la nation française les contributions de guerre, réquisitions et dommages matériels de toute nature causés par l'invasion ». Afin de ne laisser subsister aucun doute sur la portée de cette proposition, ses auteurs avaient eu soin de faire une énumération détaillée des charges qu'ils entendaient imposer à l'Etat.

C'est ainsi qu'ils citaient : 1° les contributions perçues par l'ennemi à titre d'impôts ; 2° les réquisitions en argent ou amendes ayant frappé des villes qui auraient refusé d'ouvrir leurs portes ; 3° les réquisitions en nature ; 4° les dommages matériels causés aux propriétaires et les dévastations. L'Assemblée Nationale aurait sans doute accepté la loi si le gouverneme [illegible] n avait fait valoir les charges qui incombaient au Trésor public, à cette époque si douloureuse de notre histoire, et semblaient ne pas permettre de grever le budget de nouvelles dépenses qu'on évaluait alors, faute de données certaines, à des sommes extrêmement importantes. Ainsi, des considérations de fait seules mirent obstacle à la reconnaissance du principe de la solidarité de tous les Français, à laquelle l'opinion publique rendait hommage, et il n'aurait certes pas été nécessaire d'effrayer les représentants du pays par la menace d'une sorte de désastre financier, si les adversaires de la loi avaient pu s'opposer, au point de vue du juste et du droit, à la thèse qu'il s'agissait de combatre.

Toujours est-il que l'impossibilité d'arriver à une entente rapide avec le Pouvoir exécutif, l'ignorance du chiffre exact formé par les nombreux chefs de réclamations que pouvaient faire valoir les particuliers, la crainte d'imposer à l'Etat des sacrifices trop lourds, jointes à la nécessité de trouver une solution immédiate que réclamaient impérieusement des misères urgentes à secourir, contraignirent les défenseurs du projet à modifier ses dispositions.

La loi votée le 6 septembre 1871, n'en affirme pas moins le principe qui avait inspiré le projet, comme l'indique le titre qu'il peut être utile de rappeler, ainsi qu'un passage de l'exposé des motifs:

« Loi qui fait supporter par toute la nation française « les contributions de guerre, réquisitions et dommages « matériels de toute nature causés par l'invasion pen- « dant la guerre de 1870-1871. »

« Considérant que dans la dernière guerre, la partie « du territoire envahie par l'ennemi a supporté des « charges et subi des dévastations sans nombre, que « les sentiments de nationalité qui sont dans le cœur de « tous les Français imposent à l'Etat l'obligation de « dédommager ceux qu'ont frappés, dans la lutte com- « mune, des pertes exceptionnelles, l'Assemblée Na- « tionale, etc. »

Le législateur, on le voit, écartait l'expression subside ou secours, qui aurait été contraire au principe de la solidarité de la nation en face des désastres nationaux et la rédaction du compromis qu'il adopte montre un esprit tout-à-fait favorable à la doctrine de la Convention.

Mais, par une singulière contradiction, le dispositif de cette loi n'applique d'une manière complète le principe de la responsabilité de l'Etat qu'aux impôts perçus par les Allemands, à la condition qu'ils ne dépasseraient pas, d'une part le montant de la contribution directe et de l'autre, le double de ce chiffre, comme représentation des impôts indirects réclamés par l'armée d'occupation.

A l'égard des autres questions soulevées dans le projet, la loi décide qu'un dédommagement sera donné et vote une indemnité provisoire de 100 millions, pour être distribuée aux victimes les plus nécessiteuses.

Ces 100 millions furent répartis entre les départements occupés par un décret du 26 octobre 1871. Quelque temps plus tard, le 7 avril 1873 une autre loi accordait une indemnité complémentaire de 111.950.719 fr.35, portant à 211.950.719 fr. 35, les sommes consacrées à la réparation des désastres de la guerre.

Des crédits spéciaux furent votés, aux termes des lois du 27 mai 1872, 8 avril 1873, et 28 mars 1874, pour le remboursement des impôts payés aux Allemands. Ils s'élevèrent à la somme de 62.765.973 fr. 90. Cent quarante millions furent en outre obtenus par la ville de Paris (loi du 7 avril 1873).

Sans entrer ici dans le détail de la répartition, il nous suffira de dire que les comités institués par la loi du 6 septembre 1871 pour l'évaluation des dommages, finirent, après de nombreuses rectifications, par fixer les pertes de la manière suivante :

1° Contributions de guerre et amendes payées........................	29.996.029 45
2° Réquisitions en nature..........	134.100.747 »
3 Logement et nourriture des troupes..............................	101.889.814 48
4° Dommages et vols..............	392.611.839 30
Le total était donc de.............	658.598.439 63

il fut ensuite arrêté définitivement à 686.957.755 francs. Or, sur les 211.950.719 fr.35 de dédommagements votés, 1 million ayant été réservé aux Alsaciens-Lorrains, par décret du 29 octobre 1871, 1 million aux Compapagnies de chemin de fer et 1.290.713 fr. 35, absorbés par les frais matériels, les intéressés ne reçurent que 208.750.000 fr. et conservèrent ainsi à leur charge 178.207.755 francs.

Hâtons-nous de dire que, sur ce chiffre, les sommes relatives aux vols, dommages, exactions figuraient dans le tableau dressé par les Commissions pour 392.611.839 francs 70, en sorte que, si l'on avait augmenté la part de l'Etat de 85 595.915 fr. 30, on aurait, moyennant un sacrifice dont le Trésor eût probablement pu supporter la charge, acquitté la dette sacrée du pays en ce qui concernait les réquisitions de toute nature.

En présence de la situation qui leur était faite, les particuliers poursuivirent les communes pour leur imposer le remboursement du surplus des pertes constatées et non payées par l'Etat.

§ 3. — Jurisprudence — Les tribunaux civils, saisis de ces demandes, se déclarèrent compétents, comme l'avaient décidé déjà, d'ailleurs, après l'invasion de 1815, plusieurs arrêts du Conseil d'Etat. C'est en vain que des conflits d'attribution furent élevés par les préfets, le tribunal des conflits en l'absence d'un texte formel de loi confirma la décision première des juges (voir entre autres, arrêt du 11 mai 1872. M. David, rapporteur, S. 74, 2.62.)

Dès lors, la jurisprudence sur la matière devait être promptement fixée et ne varia plus.

Elle établit une distinction entre les faits de guerre: destruction, dévastation, dégradation des immeubles, pillages) et les réquisitions de tout ce qui a servi à l'entretien et à la nourriture des troupes ennemies.

Repoussant en général la première catégorie de

demandes, parce que les faits constituent un cas de force majeure, elle accueille la seconde espèce par application, à défaut d'une loi spéciale, des principes généraux de notre droit, ainsi que le démontrent, entre autres, de nombreux jugements déclarant que le maire d'une commune envahie, qui impose à un habitant de la localité ou d'une localité voisine, des charges pour satisfaire aux réquisitions de l'armée ennemie, agit comme administrateur des intérêts de tous et oblige la commune;

En conséquence, les fournisseurs qui ont supporté le poids des réquisitions ordonnés par le maire ont une créance directe contre la commune, pour le remboursement de leurs dépenses.

Le 9 Août 1872, le tribunal de Charleville distinguant entre les exactions commises par l'ennemi et les contributions en nature ou en deniers, décide que ces dernières deviennent la dette de la commune, sauf s'il y a lieu, recours contre l'Etat.

Le 8 Mars 1874, la Cour d'Angers arrête que la commune doit être rendue responsable, bien que les réquisitions aient été opérées directement, et sans aucune intervention de l'autorité municipale. Il est jugé dans le même sens que les fournitures faites à l'armée ennemie pour son approvisionnement, sur l'injonction de l'envahisseur, incombent à la généralité des habitants et non individuellement aux détenteurs d'objets de la nature de ceux qui sont requis.

Voici, d'ailleurs, comment s'exprime la Cour de Cassation le 13 Mai 1873, dans un arrêt relatif à ces derniers points:

« Le droit des gens reconnait à l'armée envahissante « le droit de s'approvisionner sur le pays occupé au

« moyen de réquisitions de denrées ou d'autres objets
« nécessaires à l'entretien des troupes.

« Ces réquisitions sont à considérer d'après la nature
« même du droit en vertu duquel elles s'exercent, non
« point comme frappant individuellement les particuliers
« possesseurs d'objets de l'espèce de ceux sur lesquels
« elles portent, mais comme imposées à la généralité
« des habitants du territoire ou des communes occu-
« pées.

« Les lois qui organisent l'administration municipale
« le font en vue de l'état régulier et normal du pays et
« ne règlent pas les situations exceptionnelles et les
« nécessités qu'entraîne l'invasion du pays par une armée
« ennemie. Lorsque pour satisfaire aux réquisitions de
« l'ennemi les autorités municipales sont obligées de
« prendre des mesures d'urgence, elles puisent dans
« cette nécessité même les pouvoirs dont elles ont
« besoin pour accomplir les devoirs exceptionnels que
« les circonstances leur imposent. »

En outre, un arrêt de la Cour de Rouen du 30 janvier 1872 établit que : « la commune est une « réunion d'habitants liés par des obligations et des « devoirs communs, auxquels ses membres ne peu- « vent impunément se soustraire ou contrevenir au « préjudice d'autrui et qui sont réglées, en l'absence « d'une loi spéciale par les principes et les disposi- « tions du Code civil. »

« D'une part, ces règles continuent à subsister dans
« toute leur force en temps de guerre comme en temps
« de paix, d'autre part, il est de l'essence du pouvoir
« municipal de représenter toujours ses administrés
« dans la mesure du possible, quelles que soient d'ail-
« leurs les circonstances. Si des réquisitions pour l'en-

« tretien des troupes ennemies surviennent contre une « commune comme contingent d'une invasion, la mu- « nicipalité doit veiller à ce qu'elles soient acquittées « loyalement, sans qu'un seul payant pour tous les « autres les enrichisse à son détriment. »

Enfin, la Cour de Nancy, dans un arrêt du 24 février 1872, parle de : « l'utile solidarité qui réunit surtout dans les temps calamiteux les habitants d'une même ville. »

Et la Cour de Cassation affirme, le 25 mars 1874, que : « les réquisitions ne sont pas faites dans un but de « défense nationale, mais dans l'intérêt des habitants. »

S'appuyant sur ces déclarations la jurisprudence ne devait plus changer, voici les dates des décisions principales :

Cour de Cassation :

Année 1873 : 31 mars, 13 et 14 mai, S. 73.1.311.

Année 1874 : 3 février, 20 avril, 2 juin, S. 74.1.293, 25 mars, S. 76.1.73; 12 août, S. 74.1.489.

Année 1875 : 23 février et 12 avril. S. 75.1.267 ; 16 juin S. 75.1.[illegible] ; 5 juillet, S. 75.1.362.

Année 1877 : 22 janvier, S. 1877.1.198.

Conseil d'Etat : 11 mai 1872, S. 74.2.62.

Cours d'appel et tribunaux : Gray, 20 août 1871 : S. 71.2.76; Rouen, 30 janvier 1872 et Orléans, 8 mars 1872 : S. 72.2.188 ; Angers, 20 juin 1872, S. 72.2.227 ; Nancy, 22 novembre 1873, S. 73.2.108 ; Angers, 4 et 7 mai 1874, S. 74.2.204.

Comme on le voit, par cette énumération encore incomplète, la responsabilité illimitée des communes a été proclamée pour tout ce qui a servi à l'entretien des troupes ennemies : blé, pain, fourrages, bestiaux, vêtements, bois, chevaux, voitures, établissements d'ambulances, frais de logement et de nourriture.

Les municipalités déjà cruellement éprouvées par les réquisitions qu'elles avaient subies furent encore obérées par les condamnations prononcées contre elles pour des faits auxquels elles étaient complètement étrangères.

§ 4. L'État est seul responsable. — On est frappé devant les décisions judiciaires que nous venons de rappeler, des efforts constants de la magistrature pour concilier dans la mesure du possible les prescriptions légales avec la doctrine de la responsabilité collective des citoyens en temps de guerre.

N'apparait-il pas clairement que si, plein de respect pour la règle de la séparation des pouvoirs judiciaire et administratif, les tribunaux ne laissent point mettre en cause l'Etat aux instances qui nous occupent, ils appliquent néanmoins en fait le principe de la solidarité nationale, reconnu par l'équité et la loi de 1792, en restreignant son effet parce qu'ils ne sauraient atteindre le véritable débiteur?

Aussi, toutes les fois que les Cours peuvent, sans excéder leurs pouvoirs, mettre plus largement à exécution la théorie de la solidarité générale, elles déchargent les communes de toute la responsabilité qu'il leur est possible d'imposer à une circonscription territoriale plus étendue, au département, par exemple: (Cassation, 3 février 1874 passim)

Une si étrange anomalie devrait cesser. Si l'Etat avait pu être rendu responsable, le Trésor public aurait supporté les conséquences de la guerre qui lui sont justement imputables; il n'en a pas été ainsi, mais nous devons dire qu'il était impossible de prévoir au moment où ces graves questions étaient examinées, que les communes seraient mises en cause au lieu de l'Etat, par application des principes généraux de notre droit; en particulier des règles du mandat, de la gestion d'affaires, des quasi-contrats.

On aurait d'autant moins pu le supposer au contraire, que tous les considérants formulés contre les communes en faveur des particuliers sont également ceux que les communes peuvent invoquer contre l'Etat. Il en résulte donc qu'on devrait admettre que les municipalités ne sont condamnées que comme intermédiaires et à charge d'en appeler à leur tour.

En effet aux termes des articles 1150 et 1151 du Code civil, nul n'est tenu que des dommages et interêts qui ont été prévus et qu'on a pu prévoir; qui sont une suite immédiate et directe de l'inexécution de la convention.

Quelles sont les conséquences de toute guerre? La victoire ou la défaite. Or, de même que le triomphe a ses gloires et ses avantages, l'insuccès a ses suites directes et immédiates, réglées par le droit des gens.

Depuis la guerre d'indépendance de l'Amérique, il est admis que les troupes qui envahissent un pays ennemi, peuvent, pour assurer leur existence, faire des réquisitions régulières soit en nature, soit en argent. Tous les auteurs sont d'accord sur ce point.

Par conséquent, comme dans l'hypothèse d'une victoire, l'Etat aurait été exonéré de l'entretien de nos troupes, subsistant au delà de la frontière française aux frais de l'ennemi, n'est-ce pas à l'Etat et non à la commune, par une juste réciprocité, à rembourser le prix de tout ce que les envahisseurs ont pu régulièrement requérir dans nos provinces?

Et d'ailleurs, la guerre déclarée par l'Etat n'est-elle

pas un fait personnel à l'Etat et quelqu'un peut-il s'affranchir de la responsabilité de ses actes personnels?

D'autre part, même en temps de paix, toutes les charges militaires incombent à l'Etat,

C'est lui qui paie les réquisitions faites par nos propres troupes, et on ne conçoit pas qu'il puisse laisser à la charge d'une commune les réquisitions que le sort des batailles a permis à l'ennemi d'exiger.

Nous pensons avoir démontré qu'il est injuste de laisser peser sur les municipalités les suites d'évènements auxquels les communes sont étrangères et qu'il n'était pas en leur puissance d'éviter.

Le préjudice causé par les réquisitions de toute nature est à la charge de l'État qui doit en assumer le paiement; tel est le principe qu'il serait juste de voir sanctionner par une loi interne. Il est permis de se demander quel argument de droit pourrait être élevé contre l'admission d'une règle qui aurait le mérite de reconnaître le principe de la solidarité nationale commandé par et proclamé par la Révolution française.

BIBLIOGRAPHIE

Accolas : Le droit de la guerre, Paris (1888); L'idée du droit (1886).

Annuaire de l'Institut de D. I. : I 35, 47, 90; II 132, 141, 154; III 311, 320, 326; V 150; VII 40, 284, 285; VIII 179, 223, 232; IX 274; XV 313.

Baratier (intendant) : Les réquisitions en temps de guerre.

Barni (J.) : Les idées morales et politiques du xviiie siècle, (1865-67).

Beudant : Le droit individuel et l'Etat, (1891).

Bluntschli : Le droit international codifié. Trad., Lardy (1881).

Bonfils : Manuel de Droit international public, (1894).

Boudet : Thèse, Paris 1888.

Burlamaqui : Principes du droit de la nature et des gens édit. de Félice, (Yverdon 1766).

Calvo : Droit international théorique et pratique, 4e édit. 1887.

Dantès : De la nature des choses.

Délerot : Versailles pendant l'occupation, Versailles (1872).

Despagnet : Précis de droit des gens, 7e édit. (1890).

Dudley-Field : Projet d'un code international. Trad. A. Rolin, (Gand 1881).

Fouillée : Histoire de la Philosophie, 5e édition; L'idée moderne du droit, 3e édition (1890).

Ferrand : Des réquisitions militaires (1892).

Grotius : Le droit de la guerre et de la paix. Trad. Barbeyrac (Amsterdam 1720).

Guelle : Précis des lois de la guerre, (1884).

Hautefeuille : Droits et devoirs des nations en temps de guerre maritime, (1847).

Ihering (R. von) : La lutte pour le droit. Trad. O de Meulenaère (1890).

Jacqmin (F.) : Les chemins de fer pendant la guerre de 1870-71, (1876). — Journal des sciences militaires (mai 1875). — Journal des économistes (septembre 1886).

Kant : Doctrine métaphysique du droit ; projet de paix perpétuelle. Trad. Barni (1853).

Larroque : De la guerre et des armées permanentes, (1854).

Létourneau (docteur) : La guerre dans les diverses races humaines (1895).

Lewal (général) : Tactique de guerre (1885).

Lorimer : Principes de D. I. Trad. E. Nys (1885).

J. de Maistre : Soirées de Saint-Pétersbourg, édit. Rusand, Lyon 1822.

Manuel de D. I. à l'usage des officiers de l'armée de terre.

Marrast (A). : Philosophie du droit.

de Martens (G. F.) : Précis du droit des gens moderne de l'Europe, annoté par Pinheiro-Ferreira, complété par Ch. Vergé (1864).

Massé : Le droit commercial dans ses rapports avec le droit des gens, 3e édition (1874).

de Moltke : Mémoires.

Morin (A.) : Lois relatives à la guerre (1870).

Nagao-Ariga : La guerre Sino-Japonaise au point de vue du D. I. (1896).

de Neumann (L.) : Eléments du dr. d. g. moderne. Trad. Riedmatter 3e édit. (1886).

Novicow (J.) : Les luttes entre sociétés humaines et leurs phases successives (1893).

Intendant Odier : Cours d'Administration militaire.

Pasquale-Fiore : Le D. I. codifié. Trad., Chrétien (1890).

Contrôleur Peyrolles : Cours d'administration militaire (1897).

Pillet : Le droit de la guerre (1892).

Pradier-Fodéré : Traité de D. I. (1885-97).

Proud'hon (P.-J.) : La guerre et la paix (1869).

Renan (E.) : Marc-Aurèle et la fin du monde antique (1882).

Revue critique de Législation. 1881, Ch. Lucas ; 1887, Cabouat.

Revue des Deux-Mondes : août 1856 ; septembre 1874 ; mars 1875 ; août 1877 ; août 1889.

Revue de Droit international et de Législation comparée : Tomes I, p. 417 — II, p. 643 — III, p. 288, 531, 691 — IV, p. 1, 381, 481, 622 — V, p. 255, 321, 581, 588 — VII, p. 87, 138, 417 à 512 — VIII, p. 663, 683 — IX, p. 111, 133, 295, 314, 508 à 558 — X, p. 1, 5, 182, 330, 371, 478 — XII, p. 60, 104, 203, 453 — XIII, p. 79, 306 — XIV, p. 214, 555 — XVII, p. 5, 332, 517, 539 — XVIII, p. 49, 281, 512, 591 — XX, p. 363, 383 — XXII, p. 371 — XXV, p. 321.

Revue générale de D. I. P., années 1894, 95, 96, 97.

Nouvelle revue historique de droit français et étranger (1890).

The Niew Rewiew, (janvier 1897).

Revue Militaire de l'Etranger, 1894, 1897.

Rouard de Card. Thèse, (Paris, 1877). Etudes de D. I. (1880).

Séances et travaux de l'Académie des Sciences morales et politiques : mai 1870, juin 1872, novembre 1874.

Von der Goltz : La Nation armée, trad. Jaeglé (1884).

Vattel : Le droit des gens et de la nature (Amsterdam, 1775).

Wheaton : Eléments de D. I., 5e édit. (Leipzig, 1874).

TABLE DES MATIÈRES

	Pages
INTRODUCTION	1
CHAPITRE PREMIER. — **De la Guerre**	5
§ 1. La guerre est-telle légitime ?	7
§ 2. La guerre disparaîtra-elle ?	14
§ 3. Réglementation de la guerre	25
§ 4. Base du droit de la guerre	36
CHAPITRE II. — **De la Dévastation, du pillage et du Butin**	39
SECTION I. — *De la Dévastation*	
SECTION II. — *Du pillage et du Butin*	41
§ 1. Du pillage et du butin fait sur les particuliers	42
§ 2. Du pillage d'une ville prise d'assaut	49
§ 3. La théorie et la pratique	52
SECTION III. — *Du Butin légitime*	69
§ 1. Des Dépouilles	
§ 2. Armes et Munitions	71
§ 3. Du butin fait par les partisans	74
SECTION IV. — *Des choses incorporelles*	76
A. Le débiteur est un particulier	
B. L'État est débiteur	78
CHAPITRE III. — **Du Bombardement**	81
SECTION I. — *Règles admises par les publicistes*	
§ 1. Villes ouvertes	82
§ 2. Notification du bombardement	83
§ 3. Du respect de la propriété privée	85
SECTION II. — *La théorie et la pratique*	87
CHAPITRE IV. — **Des Réquisitions**	100
SECTION I. — *Réquisitions en nature*	101
§ 1. Fondement du droit de réquisition	

Pages
§ 2. Limites du droit de réquisition....... 106
§ 3. Objet du droit de réquisition : logement, subsistance des armées en campagne, moyens de transport................ 110
§ 4. Formalités de la réquisition.......... 115
§ 5. Obligation de délivrer un reçu ; droit à indemnité.......................... 119
SECTION II. — *Des Contributions*........... 127
§ 1. Fondement du droit de contribution..
§ 2. Limitations apportées au droit d'établir des contributions pécuniaires........ 133
§ 3. Formalités de la contribution........ 135
SECTION II. — *Deux guerres modernes*....... 137
§ 1. Guerre franco-allemande..............
§ 2. De l'Esprit qui préside aux réquisitions allemandes......................... 146
§ 3. Guerre Sino-Japonaise.............. 154
APPENDICE.................................... 158
§ 1. Les neutres doivent-ils être soumis aux réquisitions en nature et en argent....
§ 2. Droit d'angarie et de préemption......
CHAPITRE V. — Des chemins de fer............. 164
§ 1. Généralités.........................
§ 2. Chemins de fer privés............... 170
§ 3. Limites des droits de l'ennemi........ 173
CHAPITRE VI. — De la Responsabilité de l'Etat...
§ 1. Généralités.........................
§ 2. Législation.........................
§ 3. Jurisprudence....................... 186
§ 4. L'Etat est seul responsable........... 190

PARIS. — IMPRIMERIE TROUBLÉ, 7 BIS, BOULEVARD DE VAUGIRARD.

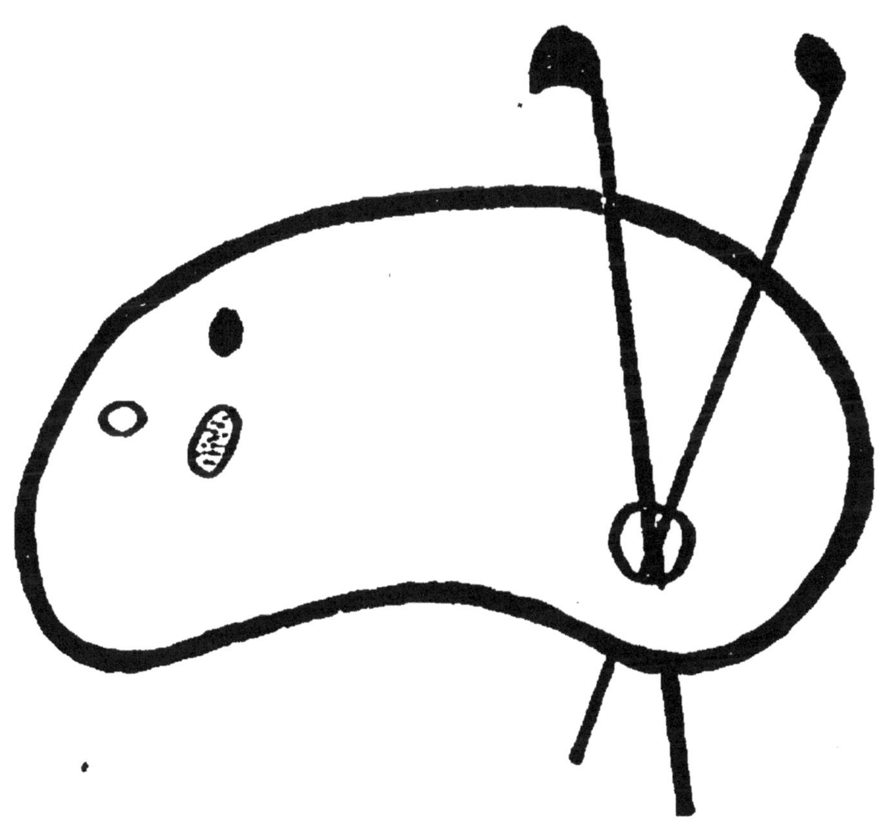

www.ingramcontent.com/pod-product-compliance
Ingram Content Group UK Ltd.
Pitfield, Milton Keynes, MK11 3LW, UK
UKHW021054230726
13926UKWH00004B/1845

9 782016 116364